U0360258

中欧前沿观点丛书

[美] 韩践 —— 著

数智时代的人力资源管理

趋势、路径与方法

HUMAN RESOURCE
MANAGEMENT IN
THE DIGITAL
INTELLIGENCE ERA

TRENDS, PATHS,
AND METHODS

上海交通大学出版社
SHANGHAI JIAO TONG UNIVERSITY PRESS

内容提要

本书探讨了数智技术在人力资源管理领域的应用和发展趋势，涵盖了其在招聘、薪酬、绩效评估和员工培训等关键环节的应用。同时，书中还分析了人工智能在优化组织结构和决策过程中的重要作用，并对"数字员工"和"数字管理者"的应用场景进行了分类和解读。从可持续发展的角度看，本书讨论了数智管控环境下，员工在认同感、意义感以及个人隐私等员工体验方面的挑战，并审视了数字平台型组织中的人力资源管理的策略和价值。作者还强调了数智化转型需要的"软实力"，包括战略、文化、领导力，以及员工培训与发展。本书适合企业高管、人力资源工作者、MBA 学生以及人力资源专业师生阅读。

图书在版编目（CIP）数据

数智时代的人力资源管理：趋势、路径与方法/
（美）韩践著. —上海：上海交通大学出版社，2024.12（2025.4 重印）.
（中欧前沿观点丛书）. —ISBN 978-7-313-31725-4

Ⅰ. F243

中国国家版本馆 CIP 数据核字第 20247TM682 号

数智时代的人力资源管理：趋势、路径与方法
SHUZHI SHIDAI DE RENLI ZIYUAN GUANLI：QUSHI、LUJING YU FANGFA

著　　者：[美] 韩　践			
出版发行：上海交通大学出版社		地　　址：上海市番禺路 951 号
邮政编码：200030		电　　话：021 - 64071208
印　　制：苏州市越洋印刷有限公司		经　　销：全国新华书店
开　　本：880mm×1230mm　1/32		印　　张：10.25
字　　数：186 千字		
版　　次：2024 年 12 月第 1 版		印　　次：2025 年 4 月第 2 次印刷
书　　号：ISBN 978 - 7 - 313 - 31725 - 4		
定　　价：89.00 元		

中欧前沿观点丛书（第三辑）
编委会

院长的话

中欧国际工商学院（以下简称"中欧"）是中国唯一一所由中国政府和欧盟联合创建的商学院，成立于 1994 年。背负着建成一所"不出国也能留学的商学院"的时代期许，中欧一直伴随着中国经济稳步迈向世界舞台中央的历史进程。30 年风雨兼程，中欧矢志不渝地追求学术和教学卓越。30 年来，我们从西方经典管理知识的引进者，逐渐成长为全球化时代中国管理知识的创造者和传播者，走出了一条独具特色的成功之路。中欧秉承"认真、创新、追求卓越"的校训，致力于培养兼具中国深度和全球广度、积极承担社会责任的商业领袖，被中国和欧盟的领导者分别誉为"众多优秀管理人士的摇篮"和"欧中成功合作的典范"，书写了中国管理教育的传奇。

中欧成立至今刚满 30 年，已成为一所亚洲领先、全球知名的商学院。尤其近几年来，中欧屡创佳绩：在英国《金融时报》全球百强榜单中，EMBA 连续 4 年位居第 2 位，MBA 连续 7 年位居亚洲第 1 位；卓越服务 EMBA 课程荣获 EFMD 课程认证体系认证，DBA 课程正式面世……在这些高质量课程的引导下，中欧同时承担了诸多社会责任，助力中国经济与管理学科发展：举办 IBLAC 会前论坛"全球商业领袖对话中国企业家"和"欧洲论坛"，持续搭建全球沟通对话的桥梁；发布首份《碳信息披露报告》，庄严做出 2050 年实现全范围碳中和的承诺，积极助力"双碳"目标的实现和全球绿色发展。

在这些成就背后，离不开中欧所拥有的世界一流的教授队伍和教学体系：120 位名师教授启迪智慧、博学善教，其中既有学术造诣深厚、上榜爱思唯尔"高被引学者"榜单的杰出学者，又有实战经验丰富的企业家和银行家，以及高瞻远瞩、见微知著的国际知名政治家。除了学术成就之外，中欧对高质量教学的追求也从未松懈：学院独创"实境教学法"，引导商业精英更好地将理论融入实践，做到经世致用、知行合一；开辟了中国与世界、ESG、AI 与企业管理和卓越服务四大跨学科研究领域，并拥有多个研究中心和智库，被视为解读全球环境下中国商业问题的权威；受上海市政府委托，中欧领衔创建了"中国工商管理国际案例库（ChinaCases. Org）"，已收录高质量中国主题案例 3 000 篇，被国内外知名商学院广泛采用。

从 2019 年起，中欧教授中的骨干力量倾力推出"中欧前沿观点丛书"，希望以简明易懂的形式让高端学术"飞入寻常百姓家"，至今已出版到第三辑。"三十而励，卓越无界"，我们希望这套丛书能够给予广大读者知识的启迪、实践的参照，以及观察经济社会的客观、专业的视角；也希望随着"中欧前沿观点丛书"的不断丰富，它能成为中欧知识宝库中一道亮丽的风景线，持续发挥深远的影响！

在中欧成立 30 周年之际，感谢为中欧作出巨大贡献的教授们，让我们继续携手共进，并肩前行，在中欧这片热土上成就更多企业与商业领袖，助力推进中国乃至世界经济的发展！

汪泓教授

中欧国际工商学院院长

杜道明（Dominique Turpin）教授

中欧国际工商学院院长（欧方）

2024 年 6 月 1 日

总　序

今年正值中欧国际工商学院成立 30 周年，汇集中欧教授学术与思想成果的"中欧前沿观点丛书"（第三辑）也如期与读者见面了。

对于中欧来说，"中欧前沿观点丛书"具有里程碑式的意义，它标志着中欧已从西方经典管理知识的引进者，逐渐转变为全球化时代中国管理知识的创造者和传播者。教授们以深厚的学术造诣，结合丰富的教学经验，深入浅出地剖析复杂的商业现象，提炼精辟的管理洞见，为读者提供既富理论高度又具实践指导意义的精彩内容。丛书前两辑面世后，因其对中国经济社会和管理问题客观、专业的观察视角和深度解读而受到了读者的广泛关注和欢迎。

中欧 120 多位教授来自全球 10 多个国家和地区，国际师资占比 2/3，他们博闻善教、扎根中国，将世界最前沿的管理思想与中国管理实践相融合。在英国《金融时报》的权威排名中，中欧师资队伍的国际化程度稳居全球前列。中欧的教授学术背景多元，研究领域广泛，学术实力强劲，在爱思唯尔中国高被引学者榜单中，中欧已连续 3 年在"工商管理"学科上榜人数排名第一。在学院的学术研究与实境研究双轮驱动的鼓励下，教授们用深厚的学术修养和与时俱进的实践经验不断结合国际前沿理论与中国情境，为全球管理知识宝库和中国管理实际贡献智慧。例如，学院打造"4＋2＋X"跨学科研究高地，挖掘跨学科研究优势；学院领衔建设的"中国工商管理国际案例库"（ChinaCases. Org）迄今已收录 3 000 篇以中国主题为主的教学案例，为全球商学院教学与管理实践助力。同时，中欧教授提交各类政策与建言，涵盖宏观经济、现金流管理、企业风险、领导力、新零售等众多领域，引发广泛关注，为中国乃至全球企业管理者提供决策支持。

中欧教授承担了大量的教学与研究工作，但遗憾的是，他们几乎无暇著书立说、推销自己，因此，绝大多数中欧教授都"养在深闺人未识"。这套"中欧前沿观点丛书"就意在弥补这个缺憾，让这些"隐士教授"走到更多人的面前，让不曾上过这些教授课程的读者领略一下他们的学识和风范，同时也让上过这些教授课程的学生与校友们重温一下曾经品尝过的思想佳肴；更重要的是，让中欧教授们的智慧与知识突破学术与课堂的限制，传播给更多关注中国经济成长、寻求商业智慧启示的读者朋友们。

今年正值中欧 30 周年校庆，又有近 10 本著作添入丛书书单。这些著作涵盖了战略、营销、人力资源、领导力、金融财务、服务管理等几乎所有管理领域的学科主题，并且每本书的内容都足够丰富和扎实，既能满足读者对相应主题的知识和信息需求，又深入浅出、通俗易懂。这些书虽由教授撰写，却都贴合当下，对现实有指导和实践意义，而非象牙塔中的空谈阔论；既总结了教授们的学术思考，又体现了他们的社会责任。聚沙成塔，汇流成河，我们也希望今后有更多的教授能够通过"中欧前沿观点丛书"这个平台分享思考成果，聚焦前沿话题，贡献前沿思想；也希望这套丛书继续成为中欧知识宝库中一道亮丽的风景线，为中国乃至世界的经济与商业进步奉献更多的中欧智慧！

以这套丛书，献礼中欧 30 周年！

主编

陈世敏

中欧国际工商学院会计学教授，

朱晓明会计学教席教授，副教务长及案例中心主任

李秀娟

中欧国际工商学院管理学教授，

米其林领导力和人力资源教席教授，副教务长（研究事务）

2024 年 6 月 5 日

序

　　自第一次工业革命以来，"人力资源管理"这个职能，已经存在了超过一个世纪。当人类社会面临新一轮数智化转型时，组织和人才发展的实践，乃至人力资源部门的责任、运作方式和能力素质都将发生很多变化。如何优化人力资源配置，通过技术赋能提升生产力和创新能力？如何保持员工的参与感与满意度？如何在保障数据安全和员工隐私的前提下，提升人力资源管理的效能？这些问题，目前并没有标准答案，"养一个孩子，需要举全村之力"，数智技术在职场的应用，也需要整个社会和各界人士一起探索和交流。

　　撰写本书的想法源于与企业高管、人力资源从业者和学界同事们的互动与碰撞。他们每日见证着技术对商业和管理的影响，他们时而兴奋、期待，也时而焦虑和沮丧，但从未停止探索和行动。是这些同仁们的激情、实践和分享激发了我的写作动力。本书综合了近期的学术文献、商业案例和笔者作为人力资源教研者的观点，希望能够为管理者们提供一些前瞻的趋势和行动建议。

　　本书不但阐述了数智技术对任务层面和员工个体绩效层面的影响，还从社会—技术系统的角度，将讨论延展到新技术对于组织和人才管理的综合作用，包括人机协作、人机混合团队和组织转型等多层次的内容。在提升生产力之外，我们还聚焦新技术将如何影响员工体验和工作中的各种社会关系，让读者对未来的职场有更加全面和立体的了解。我们提倡变革的参与者们直面变化、独立思考、勇于尝试，并保留人力资源管理职能自诞生之日起就担负的责任：在经济效率、员工福祉和职场公正之间寻找积极的平衡。

　　数智化转型不仅是生产力的变革，也是一场深刻的组织变革和文化变革。那些能够适应和引领变革的组织终将脱颖而出。既然技术大潮不可避免，我们也可以学习爱丽丝漫游奇境时的好心态：打开探索之门，保持好奇和乐观。

　　感谢中欧国际工商学院多年来对研究的支持，感谢在本书写作过程中参与资料整理和文稿修订的同事和研究助理，特别是郭景豪、牛文卓、李骏婷和潘妍，感谢上海交通大学出版社编辑团队的鞭策和鼓励。

韩践

2024 年 9 月于中欧北京校区

目 录

第 1 章

数智时代的工作与职场趋势

近年来，随着技术的飞速发展，尤其是人工智能（AI）和自动化技术的进步，算法和机器能够胜任更多以往只能由人类完成的工作，如学习、推理、规划和解决问题等。这一变化预示着，数智技术不仅改变了不同行业中企业与客户、合作伙伴的互动方式，也将深刻影响组织内部的工作流程和社会关系。技术的发展给企业管理带来了新的机遇和挑战：自动化和人工智能的广泛应用虽然提高了效率，但也可能导致某些常规岗位的减少；专业职位的员工也面临着技能更新的压力。此外，数智技术的广泛应用还引发了隐私、伦理和数据安全问题，导致人际交往和社会关系的弱化，影响员工的心理健康和工作满意度。

在这样的背景下，如何应对数智时代带来的深刻变革已成为管理者和人力资源专业人士面临的紧迫课题。本章旨在揭示数智技术对于职场和人力资源管理领域的影响，通过分析数智技术的应用周期和变革趋势来启动企业管理者和人力资源专业人士对于技术与人文、效率与公平、商业效益与员工福祉等多方面的思考，同时提示数智时代管理者亟须提升的能力，包括系统性思维能力、提出问题和挑战假设的能力，以及管理差异性的能力。

1.1　未来呼啸而来

第一次工业革命以来，技术进步极大地改变了人们的工作方式、工作技能，以及人与工作的关系。技术革新促使企业重新考虑其业务模型。随着自动化和智能化技术的融入，许多行业都面临着数智化转型的挑战。技术发展不仅改变了企业与客户和合作伙伴的互动方式，也进一步影响了组织内部的工作流程和社会关系。同时，随着数据分析、网络安全、人工智能和伦理等领域的发展，企业亟须发展新的组织能力，员工个体也需要更新相关专业知识。

近期人工智能领域的技术进展进一步加速了这些变化。按照目前通信、网络科学、自动化和人工智能等数智技术发展的趋势，人工智能和自动化会改变更多人类工作的内容，机器本身也能够胜任更多之前只能由人类主导的工作，比如学习、推理、规划和解决问题。特别值得注意的是，近年来生成式人工智能发展迅速，生成式人工智能和相关应用可以识别数据中的模式并生成新内容，涉及文本、图像、视频和音频等多种形式，助力组织和个体拓展他们在科学研发、文献搜索、艺术创作、文字提炼等各方面的能力和工作效率。生成式人工智能的崛起表明，自动化将对包括专业知识、人际互动和创造性工作在内的更广泛的工作领域产生影响，而这些工作领域过去多是由人类把持的。据麦肯锡公司的一项研究估计，到 2030 年，如果没有生成式人工智能，自动化可能会接管美国经济工作时间的 5％；而有了生成式人工智能，这一比例已跃升至 30％。当前，数智技术还在快速发展中，其对工作和职场的真正影响及范围还不够清晰，但能够确定的是，数智领域的技术进步，叠加上人口结构和政府政策等多种宏观因素，正把我们加速推入一个人与数智技术共生互动的时代。

1.1.1　技术之光与职场变化

根据目前的技术进展，我们预见新技术将在以下几个方面影响工作和职场。第一，新技术将逐步拓展人类在职场各个领域的能力，改善工作条件并提高工作效率。以医疗领域为例，人工智能已经被应用到术前规划、术中引导等领域。医疗设备企业开发的机器人通过分析大量数据，可以提供关键的手术信息。深度学习和图像分析技术能够让医生在手术前更准确地进行解剖分类和异常案例筛查，如从 CT 扫描中识别颅骨骨折和颅内出血，提升了紧急医疗护理的诊断效率。此外，循环神经网络（recurrent neural network，简称 RNN）的应用已能成功预测肾功能衰竭及心脏手术后的死亡率和出血情况，表现优于传统临床工具。而人工智能驱动的手术机器人则减少了医生在手术中的手颤，在提升疗效的同时还能降低医疗成本。

第二，新技术的发展还可以替代很多重复性的劳动。全球许多金融机构已经开始使用算法来鉴别欺诈行为，为客户建立个人的消费行为模型并及时发现与常规不符的行为。这些技术省去了银行基层员工大量重复性的劳动，同时大幅提升了欺诈检测工作的准确性，为客户带来更安全高效的体验。在餐饮业，一些餐厅开始采用机器人来承担烹饪和调酒工作。机器人能够一丝不苟地复制食谱，切割、搅拌、调味，从而提高了厨房工作的效率，并保证每道菜肴和饮品的质量相对稳定。在酒店行业，机器人被用于前台岗位，为客人提供自助入住和退房服务。人工智能驱动的聊天机器人可以 24 小时为客户回答常见问题，甚至提供个性化指南。随着技术的不断进步和新技术成本的逐渐降低，可以预见，未来会有更多的餐饮和服务业场所采用自动化技术。

第三，数智技术的发展将逐步改善人类的工作环境，替代人类从事肮脏和枯燥的工作。在环保领域，垃圾回收机器人利用人工智能和硬件自动化技术进行垃圾分类和回收，不仅提高了回收效率，还解决了人工分类垃圾时面临的恶劣工作环境和高离职率问题。在环境监测方面，深海探索机器人能够在极端环境下收集关键数据以支持科学研究和环境保护。在运输和物流行业，自动驾驶卡车可以部分替代传统长途运输卡车司机的工作。这不仅减少了司机的疲劳驾驶风险，还提高了运输的效率和安全性。对长途卡车司机而言，这意味着更好的健康和安全保障。

　　第四，在教育领域，数智技术正在激发一场教育方式和学习体验的革命。例如，可汗学院（Khan Academy）和多邻国（Duolingo）这样的产品，能够为全球数百万名只能接受线上教育的学习者们提供教辅工具，并使用人工智能技术来创建个性化的学习计划。它们通过分析学生的历史数据和表现，为每个学生推荐合适的课程和练习，确保学习材料符合他们的理解水平和兴趣。此外，教育技术也扩展到了科学实验等领域。例如，Labster 提供虚拟实验室，让学生能在不离开家的情况下进行复杂的科学实验。通过模拟真实的实验室环境，学生可以安全地探索、犯错并从中学习，而无须担心资源限制或安全问题。同时，增强现实（AR）和虚拟现实（VR）技术正在被用于创造沉浸式学习体验。例如，学生可以通过 VR 头戴设备参观远程的历史遗迹，或者通过 AR 应用更直观地学习人体解剖和机械原理。这些数智技术的应用不仅提高了学习效率和参与度，还为欠发达地区的学生提供了更多的教育资源。政府和企业可以通过大数据和算法预测未来的工作趋势和技能需求，指导学生选择与就业市场相符的课程。

此外，数智技术在教育领域更大的潜力可能在于连接不同地区的学生和教师，促进全球学习社区和集体智慧的形成。这些技术的逐步应用将会对人力资本的积累与配置方式产生深远的影响。

第五，新技术还将为身有残疾的员工和老龄员工提供更多的支持，使他们能够更独立地生活和工作。语音识别技术和文字到语音转换器为有听力或言语障碍的员工开辟了新的沟通渠道，使其能够轻松地与他人交流。机器人助行器和可穿戴外骨骼为行动不便的员工提供了帮助，让他们在职场的活动更加自如。VR 和 AR 技术为视觉或听力受损的员工开辟了新的感知方式，而自动驾驶汽车技术将为那些无法自己驾驶的人提供独立出行的可能。远程工作的普及，尤其是视频会议和在线协作工具的应用，让通勤有困难的员工能够实时与同事和客户保持联系。此外，残疾和老龄员工利用在线教育和健康监测技术等手段来接受定制化的学习，并确保他们的健康得到及时的关注。

第六，数智技术会刷新一些新的职位，同时替代一部分可以被自动化的任务。随着数智技术的发展，数据科学家和数据分析师在企业决策中的角色会越来越重要；同时，人工智能训练师、机器学习工程师、人工智能伦理学家和相关的法律专家、网络安全和风险管理类的岗位在企业运作中将不可或缺。此外，为了给客户和员工提供更直观、人性化的用户体验，用户体验设计师、数字转型顾问、技术健康顾问、机器人技术专家和定制化生产专家等技术服务类职位也会增加。VR 和 AR 开发人员将通过新的方式增强用户体验，人工智能还可以辅助产品经理、项目经理、销售和市场分析师提升市场洞察力和销售效率。语音识别专家和自然语言处理专家在改善人机交互方面将会发挥更重要的作用。

图 1-1 是世界经济论坛对于未来快速增长和消退工作的预判。这些趋势预示着传统行业的专业经验将与数智技

Top 10 最快增长的工作

1. 人工智能与机器学习专家
2. 可持续发展专家
3. 商业智能分析师
4. 信息安全分析师
5. 金融科技工程师
6. 数据分析师与数据科学家
7. 机器人工程师
8. 电子技术工程师
9. 农业设备操作员
10. 数字化转型专家

Top 10 最快消失的工作

1. 银行柜员及相关职员
2. 邮政职员
3. 收银员与售票员
4. 数据录入人员
5. 行政与高管秘书
6. 材料记录与库存管理员
7. 会计、账目管理员
8. 立法者与官员
9. 统计、财务和保险职员
10. 陌拜销售、新闻从业者、街头小贩以及相关从业人员

图 1-1 世界经济论坛 2023 年对于未来快速增长和衰落工作的预判

资料来源：WORLD ECONOMIC FORUM. The future of jobs report 2023 [EB/OL]. (2023-04-30) [2024-01-14]. https://www3.weforum.org/docs/WEF_Future_of_Jobs_2023.pdf.

注：调查对象预计 2023—2027 年最快增长的工作岗位仅占当前就业数据的一小部分。

术进一步融合，员工的技能提升和转型将成为下一步人力资源工作的重点。

1.1.2 技术光环下的职场阴影

人工智能的广泛应用将在很多领域带来生产力的大幅提升，并改变人们的工作和生活方式。然而，历次技术革命的经验告诉我们，技术进步和生产力提升的另一面，是普通工作者们面临技能落伍和失业威胁，以及社会不平等加剧等一系列社会问题。自动化和人工智能的广泛应用，会减少当下一些常规性的工作岗位。制造业和服务业的企业在引入机器人焊接和装配线以及自动交易系统的同时，也将减少依赖手工操作和人工服务的职位。来自美国劳动力市场的一些证据表明，在制造业中平均每增加 1 个机器人，在全国范围内就会取代约 3.3 名工人。在同一时期，工作场所机器人使用的增加也使工资降低了约 0.4%，"因为机器人非常擅长与工人竞争"①。

专业职位上的员工们也会遇到同样的问题。传统金融和投资行业的专业工作者们所倚重的是数量分析、市场知识和客户服务等技能。随着算法的引入，数据分析、编程能力以及对复杂算法的理解将成为必需的技能，那些只擅

---

① ACEMOGLU D, RESTREPO P. Robots and jobs: evidence from US labor markets [J]. Journal of Political Economy, 2020,128(6):2188-2244.

长传统金融技能的员工将面临技能更新的压力。花旗银行 2024 年的一项报告称，人工智能对金融业就业岗位的颠覆程度高于其他行业，在银行、保险和资本市场领域，分别有 54％、48％ 和 40％ 的就业岗位存在"非常高的自动化潜力"。最近，有一项研究利用 ChatGPT 分析超过 186 万条新闻头条，旨在预测中国股市风险溢价。研究结果表明，无论是样本内回归分析还是样本外预测评估，ChatGPT 在捕捉市场情绪和预测股市走势方面显著优于传统的模型，展现出更高的预测精度和稳定性①。类似的变化给职场带来的挑战是多方面的，其中，工作者的技能过时将成为一个紧迫的社会问题。此外，如果在财富分配和激励政策上处理不当，不仅会影响普通劳动者的经济收入，还将导致职场各种心理问题频发，甚至造成社会不稳定因素。

数智技术在职场的应用为企业提供了前所未有的监控能力，但这必将引发关于隐私和伦理的讨论。企业可以利用数智系统监控员工的行为，包括键盘敲击速度、网页浏览历史，甚至是与同事的邮件和社交内容。虽然企业宣称建立监控系统的目的是用来分析员工的工作效率和团队协作，并更好地理解员工的工作模式，但监控系统也会引发

---

① MA F, LYU Z, LI H. Can ChatGPT predict Chinese equity premiums? [J]. Finance Research Letters, 2024,65(1):1-6.

员工对个人隐私的担忧。员工感到他们的日常工作时刻受到监视，隐私被侵犯，这将破坏企业和员工之间的信任，降低员工的敬业度、自主性和创造性，甚至增加其离职倾向。此外，数智监控还可能引发更广泛的伦理问题。例如，如果企业使用监控数据和算法来支撑涉及晋升和解雇的决策，员工可能会感到自己受到了"黑盒子"不公正的对待。如果没有事前制定清晰的政策并获得员工的同意，企业还会违反劳动法律和职场的伦理标准。

人们对数智技术在提升职场工作效率方面的潜力抱有很乐观的期望，但随着人工智能和自动化的普及，员工之间的人际交往和社会关系也会被弱化。在企业大量使用算法和自动化系统分配任务、监控进度后，管理层和员工之间、员工和员工之间，以及工作团队之间的人际交流与合作可能会因为人机交互的介入而逐渐减少。员工在完成各自的任务时，将越来越依赖人工智能系统提供的指导和反馈，而不是与同事之间面对面地讨论和解决问题。长期的人机交互替代同事之间以及员工和客户之间的直接互动，这种变化会降低组织的社会属性，减少员工的归属感和工作满足感，削弱员工的团队精神和创造性，甚至影响员工的心理健康。此外，过度依赖人工智能还可能导致决策过程中人性化元素的缺失。因为人工智能的决策是基于数据和算法，在很大程度上会忽略人类态度、情感和社交的复杂性，这在涉及人力资源管理和客户服务的场景时尤为明显。

技术给职场带来的影响是多方面的，与工业社会基本可控的"科技的负效应"相比，新一轮的数智科技对员工的异化不仅表现出"量"的差异，而且呈现出"质"的不同。由于技术发展太快，员工可能会跟不上技术的变化，或者不得不被动地配合数智系统的运作范式和逻辑。从这个角度看，未来很大一部分劳动者有可能丧失创造、控制和利用科技的主动地位，自觉或不自觉地沦为科技的"附庸"，同时丧失自信和控制感。因此，本书采纳了不同的视角来探讨数智技术对于组织生活的影响，并特别警醒技术发展给工作场所，特别是给普通员工带来的种种影响。这样多视角的碰撞和讨论能够让我们少一些"技术炫酷"或"技术焦虑"，多一些理性的思考与规划。

1.2 技术在人力资源管理领域的应用周期和变革趋势

自从 20 世纪中叶，人力资源管理（HRM）领域的相关学者、咨询顾问和管理者们一直密切跟踪技术的发展趋势，并探索技术的应用会如何影响企业战略、组织管理，以及员工个体的工作和生活。20 世纪 70—80 年代计算机的发展和普及，使得企业可以存储和处理更多的数据，并使用信息系统辅助人力资源规划，预测人员需求与供给，并在员工的能力管理、晋升和内部劳动力市场管理方面发挥更广泛的作用。从 20 世纪 90 年代末至今，信息和网络技术的发展推动了在线人力资源（e-HR）和人力资源分析，包括在线招聘系统、自助和共享服务平台以及在线培训等。

面向未来，数智时代的企业必定要经过深刻的组织变革才能够保持竞争力。在这场变革中，人力资源管理领域再次处于各种矛盾的漩涡中心：技术与人文、效率与公平、商业效益与员工福祉、人机结合与保护人际关系、长期发展与短期收益，等等。一方面，企业可以利用数据和人工智能的力量为组织提升效率、协同运营共创出更多的知识和更加智能化的流程，并运用大数据和人工智能生成更精准的分析和更深刻的洞见。另一方面，企业管理者和人力资源从业者们将面临商业价值和人本主义的双重挤压。是否能将"人"而非规模和效率放在商业决策的核心？能否在融合技术与创造商业价值的同时，坚持践行公平公正，履行人力资源这个职能对于企业、员工和社会的责任？这些问题都表明，随着技术的不断演进，组织和人才管理的关键问题也需要被放到一个更广阔的社会经济背景以及更长的时间周期里去考量。

1.2.1 如何理解技术热点和技术应用的周期？

技术作为社会系统中的一个重要组成部分，其发展和变化不仅涉及科学和工程领域，也将深刻影响社会结构、文化、经济和人类行为。理解新技术萌生、发展和成熟的周期，有利于我们启动和适应变革。

我们可以使用图1-2来理解技术发展与应用的周期性趋势。

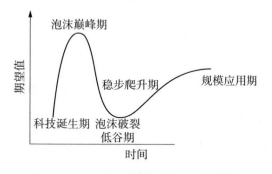

图1-2 Gartner 技术发展与应用的周期

资料来源：GARTNER. Gartner hype circle [EB/OL]. (2013-04-03) [2023-12-29]. https://www.gartner.com/en/research/methodologies/gartner-hype-cycle? utm_source=google&utm_medium=cpc&utm_campaign=GTR_NA_2022_GTR_CPC_SEM1_BRANDCAMPAIGNMQ&utm_adgroup=141653137818&utm_term=gartner%20hype%20cycles&ad=618363632093&matchtype=e&gad_source=1&gc-lid=EAIaIQobChMIyt7v8-LZiQMVuilECB0meRdpEAAYAiAAEgINvPD_BwE.

总的来说，当新技术出现时，它会迅速吸引大量关注并成为媒体的焦点，形成一个关注高峰。但随着时间的推移，大众对新技术的关注度会逐渐减少。在这期间，基于新技术的相关商业体系则开始逐步发展乃至成熟。两者相结合，形成了新技术关注度变化的周期性曲线（见图 1-2）。具体每个周期的特点如下：

（1）科技诞生期（innovation trigger）。新技术诞生，媒体密集报道，大众对于企业的期待急速攀升，但新技术的缺点和瓶颈还没有显现。开始涌入一些尝鲜的创业者，但创业失败率比较高。

（2）泡沫巅峰期（peak of inflated expectations）。经过早期媒体的过分报道，新科技在大众眼中似乎成了"救世主"，相关的初创企业融资活跃，估值暴涨，迎来整个周期的泡沫巅峰。

（3）泡沫破裂低谷期（trough of disillusionment）。经历过泡沫巅峰之后，新技术会开始暴露出各种问题：不能满足预期，无法量产，无法识别客户真正的需求和伪需求等。总之，泡沫破裂了。

（4）稳步爬升期（slope of enlightenment）。企业对新技术在本行业的适用范围及限制条件有了更加客观的了解，并探索与磨合出可持续的经营和盈利模式。但是，因为企业管理和经营能力不足，很多初创和快速成长企业在此阶段被淘汰。

（5）规模应用期（plateau of productivity）。在此阶段，新科技的价值与潜力被市场所接受，人们的期望值变化趋于平缓，支撑新技术应用的工具和经营模式经过数代的演进，进入了成熟应用的阶段，人们开始期待和酝酿下一个技术发展周期。

对应新技术发展的周期，图1-3是2013年Gartner发布的人力资源技术成熟周期图，结合人力资源管理的场

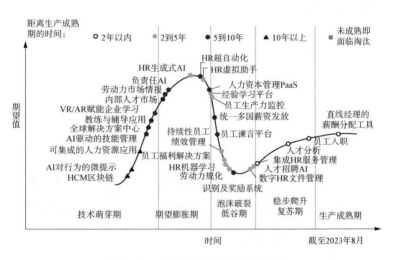

图1-3 人力资源技术成熟度曲线

资料来源：GARTNER. HR technology management maturity assessment report [R/OL]. (2023 - 04 - 17) [2024 - 01 - 20]. https://www.gartner.com/en/documents/4276199.

景，涵盖了人力资源领域的技术热点。综合人们的期望值（纵轴）和时间轴（横轴）可以看出，媒体宣传和人们期待的热点多在第一到第三阶段，即诞生期、泡沫巅峰期和泡沫破裂低谷期，目前真正进入可持续运营的项目和产品并不如人们想象得那么多：目前已经普遍应用的几个领域是人才招聘 AI、集成 HR 服务管理、人才分析、员工入职、直线经理的薪酬分配工具等。

无论是咨询公司的调研报告还是笔者在企业的访谈都表明，发明一项技术是一回事，而广泛采用它则是另一回事。通常，技术的普及可能需要 5 年、10 年，甚至 20～30 年的时间。现在，我们确实看到一些技术正在帮助人们撰写备忘录、诊断疾病、提供客户服务以及编写代码，但这些技术还未被广泛采用，目前仅在少数领先公司中使用，但假以时日，例如以 5 年为一个周期，这些科技将逐步被广泛应用，并逐渐扩展到更多公司。

值得注意的是，技术的应用将导致公司之间的差距越来越大。领先的公司在利润、销售和投资回报方面正在进一步拉开距离，而中等或落后的公司则越来越难以跟上。然而，在实际应用和落地方面，许多企业尚在观望，或者受阻于遍布"数据孤岛"的封闭式 IT 架构。具体来说，IT 系统中的数据语言和口径不统一，不同 IT 系统之间的数据不贯通，同样的数据需要在不同的 IT 系统中重复录入，甚至不同 IT 系统中的同一个数据不一致等，这些问题阻碍了数据整合与分析，进而妨碍了运营效率的提升和改进。据 2023 年 Gartner 的人力资源技术发展报告①，仅有 4% 的首席执行官表示他们已经基本准备好迎接数字化转型和各种分析工具，这也凸显了企业在应对数字化变革时所面临的普遍困境。本书的不同章节也就这个问题给出了一些分析和建议。

1.2.2 企业管理者如何从技术发展中获取价值?

1) 理解技术，应用技术

MIT 信息系统研究中心的科学家们发现，在企业的流程中融入人工智能和自动化并不会自然而然地为企业增加价值②，管理者需要深刻理解数智技术的原理才能适应变革。本书旨在介绍和讨论数智技术在人力资源领域的趋势和应用。当我们提到"数智化"这个概念时，涵盖了"数字化"和"智能化"两个含义。其中，"数字化"指企业在其经营管理中广泛应用信息和大数据技术，以提高工作

---

① GARTNER. HR technology management maturity assessment report [R/OL]. (2023 - 04 - 17) [2024 - 01 - 20]. https://www.gartner.com/en/documents/4276199.

② ROSS J. The fundamental flaw in AI implementation [J]. MIT Sloan Management Review, 2018,59(2):10 - 11.

效率和企业竞争力的过程。通常包括信息技术基础设施建设（如网络建设、数据中心、云服务等），以及使用 BPM、ERP、CRM、OA、SCM、KM 等系统来管理业务流程、客户、供应链、人力资源、财务、知识管理等子系统。一般来说，数字化应该包括智能化。在本书中，我们强调"智"这个字，主要是为了呼应当前人工智能的进展对于职场、组织和人才管理的新一轮影响。数字化侧重于对数据的常规分析和处理，而智能化强调的是对数据更深层的认知、挖掘数据背后的洞察、进行推理决策等更具创造性的任务。在"智能化"部分，我们会经常使用"算法"和"人工智能"两个词。算法是计算机为解决特定问题而设计的一组有序、明确且可执行的步骤或规则，它将数据转化为所需的信息并完成指定的决策或优化任务。其方式比以前的技术系统更具编码性、即时性和互动性，有些算法具有不透明性。而人工智能是一种特殊类型的算法。本书中，当我们用到"人工智能"这个词时，意思是将人工智能描述为计算机系统解读外部数据，从这些数据中学习数据的内在表示和模式，并利用这种学习来完成特定的任务，包括学习、推理、预测和自我纠正。此外，目前的文献通常把人工智能划分成两种：演绎式和生成式。演绎式人工智能是分析大型数据集以确定模式并得出结论的算法。生成式人工智能从现有数据中学习以产生新内容。例如，文本分类是演绎式人工智能的例子，ChatGPT 等大语言模型是生成式人工智能的例子。目前企业使用的人工智能，主要用于处理重复性的工作，提升流程效率，改进决策质量。有些专家推测，随着技术的发展，人工智能会在自我学习和迭代中不断进化，发展出超人类的智力。这也是很多政策制定者、管理者和员工"技术焦虑"的主要来源。

一方面是"技术焦虑"，另一方面是"应用的挑战"。在收获数智化转型的成果之前，公司需要不断投资于人工智能和自动化的发展和试点，包括全面的工作和生产部署，改变员工的工作方式，以及推动产品和服务创新。从目前的进展看，大多数的机器学习应用程序可以帮助人类提效，但同时还有很多需要深度专业判断的任务留给人类完成。例如，当前算法通常处理的都是相对简单的任务，它们会留下不适合算法解决的工作给人类来处理。当算法以 80% 的准确率检测到欺诈时，余下 20% 的判断需要人类来输出，而这 20% 的部分通常涉及更复杂、更困难的决策，且每天都在累积，需要更多专业素质高且经验丰富的员工来处理。再比如，人工智能应用可以减少财务分析师提取绩效数据的时间，但只有在人类花更多的时间考虑并精准界定相应的"绩效"的含义时，人工智能应用才能增加价值。在客服领域，算法可以帮助客服人员花更少的时间解决常规问题，但必须将节省下来的时间用来深入了解客户的复杂需求，并妥善解决复杂问题，才能为客户增加价值。这些现象都说明，面对智能应用，提升人类员工的素质和解决复杂问题的能力是一项紧迫的挑战。

在人力资源管理领域，我们已经在招聘和选拔等模块看到新技术助力效率的提升，企业和学界也在利用数智技术提升人力资源领域的数据质量、决策的公正性并改善员工体验。一般来说，数智化人力资源管理的要点包括：

（1）人力资源通过数智技术提升各个子模块的管理效率和效益，实现更加有效的人才管理。

（2）通过优化人机分工和人机交互，增强组织内外部的网络价值，提升组织整体的效能。

（3）通过技术手段，提升员工在职场的正向体验，例如，减少重复工作，面向员工进行个性化服务与培训，同时，减少技术对于职场和员工关系的负面作用。

需要关注的是，以上这些局部的应用不会增加一个公司的整体竞争力，但是这些应用集合起来并不断迭代，就能够提升企业整体的效率，并逐步收获数智化转型的价值。

2）融合团队，组装能力

许多领导者认为，数智化转型的瓶颈在于人才，"人到位之后一切就会迎刃而解"，因而希望通过招募更多数据科学家获取技术赋能的价值。数据科学家的确短缺，但很多数据科学家更擅长在一个非常具体的场景里面深耕某个算法或者应用，不能直接助力解决商业需求。数据科学家可以开发有用的算法，但需要不同垂直领域的专家来训练机器识别模式并理解数据。垂直领域专家的范围很广，包括行业专家、客户服务专家、解决方案人才、分析师、合同经理、销售人员、招聘人员、产线经理和技工等一切擅长其本职工作的"明白人"。如何让数据科学家们和这些领域专家合作产出价值，是数智化转型中最为关键的组织挑战。

数智化转型不可或缺的，依然是变革领导力和企业文化等"软实力"的支撑。高层管理者们不仅需要领导企业建立数字化基础设施（包括数据、系统和算法），还要推动垂直领域的专家们（包括人力资源工作者）运用他们的领域知识与数据科学家们合作，重塑企业的内部管理系统，包括管理控制系统、组织协同系统、人才系统和激励机制。各层级的管理者们都需要身体力行，学习新技术并引导更多员工终身学习，激发跨部门、跨专业的合作潜能。人力资源团队则要通过政策、培训和实际操作，减少数智化转型对于组织和员工的负面效应，包括减少数据偏差，增加算法的可解释性，保护员工隐私，改善员工体验等等。总之，在数智化时代，人力资源管理的本质和价值并没有改变，依然是充当企业价值和员工利益的维护者，在确保公平性的同时，利用技术提升企业的效率和员工福祉。人力资源部门在数智化转型中的工作方向是构建转型的目标和理念，持续迭代能力，打造领先的运营效率和员工体验。

3）星辰浩瀚，而非独月孤明

在未来很长一段时间，数智化转型的成功率将依赖于"组织"的力量。企业想要从人工智能的应用中获得竞争优势，必须普遍性地提升员工在数智化方面的知识和技能，目的是让员工能够自主使用数智技术，辨别任务的优先级，进而输出专业而清晰的判断。要让企业内部涌现一大批能解决问题、有学习能力的员工，而非寥寥几个数字科学家，人力资源部门必须助力管理层为员工们提供必要的数据和技术培训，并逐步适配员工解决问题的权限。赋能员工适应与机器一起工作，将是人力资源管理下一步工作的重心。

加速数智化转型的关键还在于组织设计和工作设计方面的创新，例如，重新进行职位分析和设计，根据技术应用重新进行职位和能力评估，这将进一步影响绩效管理和培训等模块。企业需要根据自己的业务特点决定哪些任务可以被自动化，并适配相关业务流程和权限的变化。从目前的咨询报告和企业访谈调研可以看出，基层员工具有使用数智化工具的积极性，他们也希望提升工作效率，关键在于企业的变革理念和激励措施。如果企业仅将数智技术定位为削减成本的工具，把裁减岗位作为数智化和自动化的目的，既不投资于普遍提升员工能力，也不给员工分配合理的利润，那么，变革就得不到员工的拥护，公司非但不能成功转型，反而会陷入"烂尾楼"式的噩梦。

4）人力资源管理者的永恒责任：维护组织的可持续发展与员工福祉

在全球范围内，我们正共同面对一个日益显著的挑战：科技的飞速进步使得人类能力的界限被不断突破，社交媒体和数字技术的广泛应用让个人能够追求更多的自我表达和自我实现。在这个过程中，人们越来越注重个人成就和科技创新，对于人际和群体的社会属性、亲密关系、环境保护、伦理和道德责任的关注在减少。我们似乎正在经历着一个道德和责任意识模糊、价值观分裂的阶段。在企业管理层面，我们面临的挑战不仅仅是商业和技术竞争，更在于如何在这个快速变化的世界中，为企业及其所处的生态建立共同的价值观和伦理标准，加强个人、企业与社会的连接，构建企业效率和员工福祉之间的平衡。

把技术对于人力资源管理的影响放在这个大背景下讨论尤为重要。我们首先应该坚持的一个假设，即人是目的而非手段。技术的发展和应用，旨在为人类带来便利和进步，但在这个过程中，技术的合理性和工具性被逐步加强，在某种程度上造成了人被工具化，成为企业发展和技术进步的手段，而不是这一切的最终目的。20 世纪，德国哲学家和社会学者尤尔根·哈贝马斯（Jürgen Habermas）和其他批判理论家如刘易斯·芒福德（Lewis Mumford）、埃里克·弗洛姆（Erich Fromm）等人，都指出了现代科技对于人性和人类的社会生活和身心发展的影响[①]。在他们之后也有大量人文和社科成果表明，我们必须重新认识到人是一切社会和技术发展的最终目的。人不应该成为技术的附庸，而应该是驾驭和指导技术发展的主体。社会的发展和科技的进步应该服务于提高人的生存质量，丰富人的精神世界，并最终促进人的自由和全面发展，这也是本书贯穿始终的假设和研讨基础。

---

① 尤尔根·哈贝马斯的《技术与科学作为"意识形态"》（*Technik und Wissenschaft als 'Ideologie'*）探讨了技术和科学在现代社会中的角色及其对人类理性的影响；刘易斯·芒福德的《技术及其发展》（*Technics and Civilization*）探讨了技术发展，例如机械时钟对现代生活的影响；埃里希·弗洛姆的《逃避自由》（*Escape from Freedom*）分析了现代社会中人们逃避自由的心理动因。

1.3 职场的数智化场景和人力资源管理的挑战

随着数智技术在内容生成、知识管理和整合等方面的突破，人们不禁会问：企业内部管理和协同的角色，是否会被机器替代？管理者如何继续为组织增加价值？从目前的研究证据和学界共识看，我们并不需要担心人类会从职场大量消失，人机共生与互动是未来工作的主要方式。但是，我们需要更新对于未来职场的认识。一般来说，人机互动的工作大概率会是以下四种情况之一。

场景1：工作的整体流程没有很大变化，人工智能可以替代人类在某些任务节点进行或简单重复或复杂认知（如处理大量数据）的任务，而人类员工从事另外一些节点。例如，在课堂上，学生通过个性化的人工智能应用学习知识，教师则花更多的时间关注课程设计和给学生进行反馈和辅导等任务。在这种情况下，"教学"这项工作的整体流程没有很大的变化①，人类与机器分工合作，但是人类的工作并不专注于管理机器，也不要求有很多与机器的互动，人机各司其职。

---

① ACEMOGLU D, RESTREPO P. Robots and jobs: evidence from US labor markets [J]. Journal of Political Economy, 2020, 128(6):2188-2244.

　　场景 2：人工智能承担大部分的工作，而人类员工则专注于"照料机器"[①]。照料机器的工作可能会要求人类员工具有与机器互动的技能，工作的方式通常具有协调性质并需要复杂技能。这类工作包括但不限于：数据管理；训练人工智能完成任务；在组织内部广泛地接触其他利益相关者，并协调和培训他们进行人机交互；向利益相关者解释人工智能的运作和输出，并确保系统整体的可解释性；制定系统的问责机制；维护系统的公平性；等等[②]。

　　场景 3：人工智能通过改善人类员工完成现有工作的方式来"协助"人类[③]。在这种情境下的人工智能既不承担人类以前做过的特定任务，也不需要人类看管，而是通过技术改变现有的工作方式。例如，医疗领域的人工智能助手通过分析呼叫者对问题的回答、评估其病情的严重程度，以及根据数千个先前呼叫的建模，给操作员提供实时的行动建议[④]。这种方式通过人工智能对于数据跨职能、

---

　　① LANGLOIS R N. The vanishing hand: the changing dynamics of industrial capitalism [J]. Industrial and Corporate Change, 2003, 12(2):351-385.

　　② WILSON H J, DAUGHERTY P R. Collaborative intelligence: humans and AI are joining forces [J]. Harvard Business Review, 2018, 96(4):114-123.

　　③ JARRAHI M H. In the age of the smart artificial intelligence: AI's dual capacities for automating and information work [J]. Business Information Review, 2019, 36(4):178-187.

　　④ FORMOSA P, RYAN M. Making moral machines: why we need artificial moral agents [J]. AI & Society, 2021, 36(3):839-851.

跨领域的访问和集成能力改善和放大人类工作者的能力，并辅助人类拓展原有的认知边界。

场景4："关注机器"类的工作，涉及诸如获取、注释和标记数据、对人工智能输出结果的简单验证等任务（如检查图像识别准确性等任务）[①]。这类工作相对比较零散，对员工的能力要求不强，可替代性比较强，通常会外包给较低工资的工人。

通过分析以上工作场景可以看出，在未来的职场中，人依然是主体，商业企业和各种组织也依然是由人构成的，因此，人力资源管理职能仍将发挥重要的作用。当代的人力资源管理不只是处理员工事务，还涉及组织设计、人员激励、能力培养、人际沟通、人机协调和组织学习等方面的工作，这些工作需要大量的隐性知识和情境知识。因此，数智技术可以辅助工作中的一部分决策，但是难以取代人类的判断和共情。从目前来看，智能技术在短期内会更多地取代人力资源管理领域里面重复和标准化的工作。从这些工作中被机器解放出来的人力资源管理者们，如果能够与时俱进地更新技能和思维方式，辅以合理的利

---

① TUBARO P, CASILLI A A, COVILLE M. The trainer, the verifier, the imitator: three ways in which human platform workers support artificial intelligence [J]. Big Data & Society, 2020, 7(1):3-7.

益分享和积极的工作氛围，就一定能迸发出更多的生产力和创造力。因此，在本书的第 2 章，我们将深入探讨数智时代的人力资源管理体系，包括人力资源领域数据生成和管理的复杂性，以及人力资源不同管理模块的数智化进展，具体内容涵盖了人工智能在招聘和甄选、薪酬管理、绩效管理和人才培训等子模块的发展趋势和一些新的应用。第 2 章的内容不仅揭示了新技术在人力资源管理中的应用潜力，同时也提出了有效使用这些工具的挑战和机遇。

　　数智化转型是一个长期的过程，其中，人力资源工作者在短期关注的焦点是识别标准化和重复性高的任务并将其自动化，同时帮助员工进行技能转变与升级，特别是如何在人机协同的环境下工作。此外，人工智能通过数据驱动的洞察，有潜力促进更多元和包容性的工作环境，并催生新的领导和组织合作模式。在本书的第 3 章，我们探讨了数智化时代的组织设计和工作设计，重点分析了人工智能和自动化技术在改善组织分工和决策方面的作用，特别是任务层面的人机互动，以及如何理解"数字员工"和"数字管理者"。此外，当前大多数关于数智技术与组织设计方面的讨论聚焦于个体层面的人机互动，而本书的第 3 章则引入了如何在组织层面融入人机互动的综合框架，特别讨论了如何利用技术来创造一个更加高效、动态和人性化的组织环境。

　　第 4 章的内容聚焦于员工端的感受和体验。从雇主和员工两个方面看问题，是企业管理者们必备的管理视野。目前很多数智化研究和商业媒体尚未深度涉及员工的感受和体验，而本书则着重强调了从员工视角看待这次转型。首先，我们讨论了数智时代背景下员工面对技术发展的焦虑，以及如何用人机互补和互相增益的视角来缓解这种焦虑。其次，我们讨论了算法管控对于组织管理的影响，特别是算法管控的不同方式、机制，以及算法管控对于员工心态的影响。基于最新的实证研究，我们进一步阐述了算法管控的一些正面效应，包括信息对称、感知公平，以及对于员工技能和职业发展的裨益。最后，我们还涉及在数智化管控下会遇到的一些常见挑战，包括在面对人机交替或协同工作时，员工对于自己职场身份和工作意义感的疑惑以及对于自身隐私的担忧等。

　　在第 5 章，我们讨论了数智化时代平台组织的雇佣关系和人力资源管理，并为管理者们理解和管理零工工作提供了新的视角。如何在没有传统雇佣约束和保障的情况下激励和保留零工，是平台管理者和员工都面临的一个现实问题。本章的关键议题是如何通过人力资源管理策略促进和控制平台上的多边活动，帮助平台创造经济价值和社会价值。这个领域的研究和实践表明，平台公司的人力资源管理策略主要通过产生锁定效应和促进持久关系来影响其生态系统，并受到多种因素的影响：包括平台生态系统的生命周期、零工的数量和质量、其他平台的人才争夺行为，以及网络效应的规模等。

在最后一章，我们讨论如何将数字化转型的理想逐步转化为现实。这不仅涉及对数字化转型过程中的管理要点进行拆解，而且包括具体行动的策划和建议。关键环节包括围绕企业的人力资源管理价值链进行数据治理和管理，为员工提供必要的培训和发展机会，确保他们不仅能够掌握新技能，而且在心理和情感上准备好接受和适应这些变化，更加顺利地推动数智化变革。

1.4　转变思维方式

面对未知的未来，以往的变革经验也许会为企业的转型增加一些确定性，减少不必要的震荡。当新技术被引入任何一个组织时，组织的管理情境中都会充盈着特定的"期许和态度"，极大地影响了组织对于技术采纳的方式及效果[1]。

---

① BAYM N, ELLISON N B. Toward work's new futures: editors' introduction to technology and the future of work special issue [J]. Journal of Computer-Mediated Communication, 2023,28(4):zmad031.

这些"期许和态度"通常是矛盾和分立的：当电力被首次引入时，认为其能够拯救世界或者毁灭世界的观点都大行其道[①]。同样，今天关于人工智能的讨论也在"创造新世界"和"导致人类毁灭"之间摇摆。组织不会轻易接受数智化变革，特别是非数字原生的企业，因为其决策方式已深深植根于行业惯例、组织基因以及管理者和员工在物理世界的成功经验中。数智化转型过程中始终存在的挑战，是重构人们的思维方式和整个组织适应变化的能力，这是比技术革新更艰难的事，我们该如何应对？

首先，我们认为在社会＋技术系统的框架下来讨论数智化变革尤为关键。早在 20 世纪 50 年代，来自英国煤矿企业的行动研究[②]就发现，要理解人们对新技术的抵制，需要将人、组织和技术视为一个包含社会规范和实践的连通系统[③]。一个多世纪以来，组织管理的理论和实践持续

---

①　NYE, DAVID E. Narratives and spaces: technology and the construction of American culture [M]. New York: Columbia University Press, 1997:224.

②　TRIST E L, BAMFORTH K W. Some social and psychological consequences of the longwall method of coal-getting: an examination of the psychological situation and defenses of a work group in relation to the social structure and technological content of the work system [J]. Human Relations, 1951,4(1):3-38.

③　SAWYER S., TYWORTH M. Social informatics: principles, theory, and practice [EB/OL]. (2006 - 09 - 23) [2023 - 11 - 30]. https://link. springer. com/chapter/10. 1007/978-0-387-37876-3 _ 4 # chapter-info.

证明，将新技术引入任何组织本质上是一个"社会叠加技术"的演进过程，忽视组织的社会性，会增加技术失败的概率[①]。

其次，企业管理者的系统性思维能力会愈发重要。近30年战略人力资源研究的核心是提升组织管理体系的内外部一致性和匹配度。但在实操层面，人力资源工作不仅琐碎繁杂，还受到资方、管理层和员工端的多方压力，使得人力资源管理者们疲于奔命，很难跳出局部的工作思路和框架来看到整体。新一波数智化转型会进一步推动企业内外部的信息对称，管理者们在数智技术的辅助下，能够更有效地识别和纠正人力资源管理体系中的冗余和错配，而那些重复的、琐碎的任务也会逐渐被数智工具所整合与替代。因此，面向未来，能够迅速地解决局部问题不再是管理者的优势，且当前一些管理者们依靠信息不对称性来进行管理的习惯也会日渐落伍。企业更需要具备系统性思维的管理者：他们会避免孤立地看问题，而是把当下的、局部的"解决方案"放在系统中去检测，考虑到时间的纵深和问题上下游的要素，并通过跨团队讨论和数智化工具的

---

① BAXTER G, SOMMERVILLE I. Socio-technical systems: from design methods to systems engineering [J]. Interacting with Computers, 2011, 23(1):4 - 17.

模拟辅助，开启更多解决问题的思路。

再次，在数智化时代，提问和挑战假设的能力比回答问题的能力更重要。新一代人工智能已经展示出处理语言和整合信息的巨大优势，但还是需要人类提出问题和假设来引导算法工作。因此，理解管理动作背后的经济逻辑，判断和思考战略背后的假设，是新时代管理者必备的技能，也是与智能系统合作的基础。"高效执行"能力的权重会逐步降低，提问、假设和人际互动的能力，会在素质力排行榜上日益攀升。这一趋势也被近期各大咨询企业的调研报告所证实[1]。

最后，存同求异、管理差异性的技能，会成为企业的核心竞争力。当标准化、同质化的任务逐渐被算法接手后，依靠效率取胜的边际效应会下降，甚至形成"内卷"。因此，管理者需要用更多的时间和精力探索和关注差异性。当我们把精力放在差异性上，放到发掘人和机器各自的优劣势上，就有机会发现更多适合企业实际情况的组织设计与工作设计，能更加充分地利用数智技术的优势发掘管理创新点，并能包容和理解数智技术为我们提供的各种

---

① MERCER. Global talent trends 2024[EB/OL]. (2024 – 03 – 04)[2024 – 04 – 11]. https://www. mercer. com/assets/global/en/shared-assets/local/attachments/pdf-2024-global-talent-trends-report-en. pdf.

"意外"的选项，从而有效管理数智技术的局限性。

　　总之，面对新的技术、新的生产力和新的组织形式，我们希望和大家一起不断学习和进步。本书旨在帮助管理者和对数智化转型感兴趣的读者们了解人力资源管理相关领域的一些研究和实践进展，开启一个洞察的窗口与提问的契机。

第 2 章

重塑：数智技术赋能
人力资源管理

在数智时代，人力资源管理的核心理念保持不变，依然是确保人力资源管理策略与公司的发展战略相匹配，达成组织的愿景和目标。随着技术与组织的深度融合，我们期待技术助力缓和人力资源管理中现存的诸多矛盾点，如平衡效率与创新，调和权力的集中与分散，兼顾成本控制与员工福利等。在员工关系层面，我们期待在技术的帮助下，企业能够更好地体察员工的需求，更深入地关怀员工，从而增强管理层和员工之间正向的关系。具体措施包括：运用技术手段收集员工的态度和情绪并分析员工体验；优化绩效管理和反馈机制，及时发现管理缺陷并推荐解决方案；为员工提供职业发展建议；在薪酬和福利方面确保合规性和公平性；等等。在管理效率层面，数智时代的人力资源管理将更加重视数据分析与解读，利用数据分析和循证管理来支持日常决策，提升管理控制的精确度。关键措施包括：预测人力需求，优化人岗匹配等资源配置，提升员工技能，以及建立与组织目标一致的绩效管理系统。换句话说，人力资源管理的数智化转型不仅要能够支撑日常运营，还需为组织未来的成功奠定基础，这个定位融合了人、业务和技术多个方面，致力于营造一个促进员工参与和组织承诺的工作环境。在以下的篇幅，我们具体讨论数智技术对各个人力资源管理模块的影响。

在分模块讨论之前，我们需要先总体了解一下数智技术在人力资源领域的发展和应用现状（见表 2-1）。目前应用比较多的技术是机器学习，也就是利用大量数据和经过统计验证的算法来做出决策，包括识别语音命令，并根据预定义的算法做出反应。人力资源管理领域的大部分管理决策和人—机互动目前都是以机器学习为基础的。自然语言处理（NLP）也是目前常用的一个应用领域。以招聘环节为例，该技术支持扫描申请信，匹配申请人的能力与职位需求。在增加职位的吸引力方面，有些企业使用 NLP分析职位需求和申请人资料中的描述，然后针对优先级别高的申请人池子撰写招聘广告，关注重点人群对于企业和职位的正向感知。此类软件目前很常见，可以帮助企业发布职位广告，筛选出符合要求的候选人。企业还可以选择"招聘教练"等个性化咨询项目，或要求提供更多候选人作为增值服务。使用数智技术还可以增加申请者访问信息的便捷性。当企业与申请人进行初步接触时，可使用聊天机器人回答申请人有关广告职位的一些简单的、标准化的问题，使申请者可以与企业进行"24×7"的持续互动，包括员工对于薪酬、绩效和公司相关规章和政策的常见问答，都可以使用此类算法"个人助理"来提升信息访问和交流的效率。

表 2-1　人力资源管理职能和相关的数智技术

序号	人力资源管理职能	数智技术	使用场景与目的
1	劳动力规划	机器/深度学习（预测分析）	预测未来劳动力需求和供应的进化编程
2	招聘前管理	自然语言处理、聊天机器人	招聘前的互动与沟通
		文本分类和匹配的机器学习算法	预评估人—工作—组织的匹配
		预测分析	预测填补职位所需的时间
3	招聘管理	预测分析	预测员工未来的工作绩效
		深度学习、偏差检测	检测职位描述和简历筛选中的语言，检查是否有甄选模式或其他规律性偏差
		认知计算（自然语言、语音、图像、视频处理）	分析招聘过程中采集的多种类型的数据，例如，视频采访中的语音和面部识别、社交媒体数据、游戏招聘场景的数据
		用于多目标决策的数据挖掘和机器学习算法	涉及多维度、多标准的复杂甄选
4	绩效评估	对历史数据进行分析	对员工绩效进行一段时间内的纵向比较和分析
		预测分析	预测员工离职倾向

续 表

序号	人力资源管理职能	数智技术	使用场景与目的
5	员工体验、健康和敬业度管理	认知计算（自然语言、语音、图像、视频处理）和神经网络提供的管理者提示系统	从关键词中提取员工反馈、员工情绪分析、提示异常行为、企业声誉管理
		自然语言处理、聊天机器人	改善员工体验，员工情绪分析，面向员工个性化的辅导、咨询以及职业建议
		基于生理学的数据分析（员工装备和可穿戴技术）	员工的生理和心理健康状况预警等
7	薪酬管理	数据分析、预测分析、决策优化	薪酬规划、薪酬决策
		自然语言处理、聊天机器人	关于薪酬政策的一般性解读，薪酬常见问题解答与沟通
8	员工技能发展	深度学习、个性化推荐	搜索和识别员工已有的知识、技能和员工技能差距，个性化推荐培训课程和资源
9	内部流动/职业发展	文本分类和匹配的机器学习算法	匹配内部员工技能与岗位需求
10	员工自助服务	自然语言处理、聊天机器人	员工的虚拟数字助理

资料来源：DEEPA R, SEKAR S, MALIK A, et al. Impact of AI-focused technologies on social and technical competencies for HR managers — a systematic review and research agenda [J]. Technological Forecasting and Social Change, 2024, 202:123301. 作者有整理和修改。

　　我们根据相关文献梳理了关于数智技术和人力资源应用的表 2-1，供读者参考。

2.1　员工招聘甄选与算法应用

2.1.1　人员招聘和选拔数智化的趋势

　　人员选拔在工业心理学的研究中已经有了将近一个世纪的历史。人员招聘和选拔是组织获取知识、能力和技能的主要途径。在工业心理学和组织行为学的各个细分领域中，很少有领域能像人员选拔一样，让学界和商界产生如此一致的兴趣[1]。研究表明，高质量的员工招聘和选拔对于提升产品质量和劳动生产率都至关重要[2]，且有效的人员选拔与组织的财务绩效之间存在正相关关系[3]。自科学管理时代以来，人—岗匹配以及人与组织之间的匹配一直是企业面临的关键挑战。这些挑战要求企业不仅要在技能

---

　　[1]　LIEVENS F, SACKETT P R. The effects of predictor method factors on selection outcomes: a modular approach to personnel selection procedures [J]. Journal of Applied Psychology, 2017,102(1):43.

　　[2]　HATCH N W, DYER J H. Human capital and learning as a source of sustainable competitive advantage [J]. Strategic Management Journal, 2004, 25 (12):1155-1178.

　　[3]　KIM Y, PLOYHART R E. The effects of staffing and training on firm productivity and profit growth before, during, and after the great recession [J]. Journal of Applied Psychology, 2014,99(3):361.

和知识上找到合适的人选，还要确保这些人才与组织的文化和价值观相契合。因此，所有组织都在不懈努力，以实现人才供给与组织需求之间的最佳匹配。

图 2-1 是一个关于人员招聘和选拔的全景图，包括了招聘和甄选的核心步骤①，了解这些核心步骤对于运用数智化工具提升招聘和甄选的效能，特别是预测效果②，具有重要的意义。大多数人力资源管理的教科书对此都有详细解释，在此不赘述。

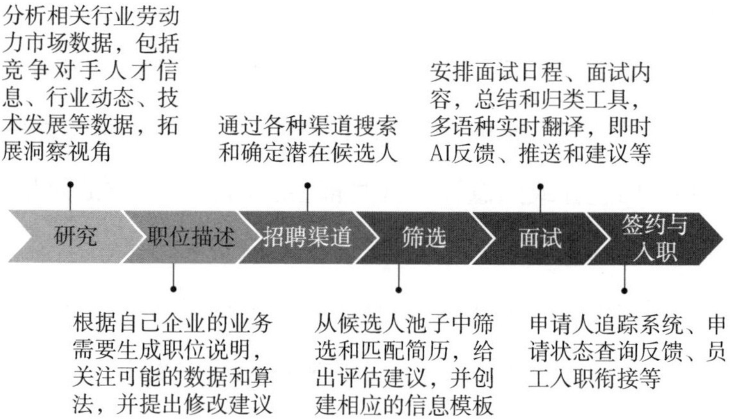

分析相关行业劳动力市场数据，包括竞争对手人才信息、行业动态、技术发展等数据，拓展洞察视角

通过各种渠道搜索和确定潜在候选人

安排面试日程、面试内容，总结和归类工具，多语种实时翻译，即时 AI 反馈、推送和建议等

研究　职位描述　招聘渠道　筛选　面试　签约与入职

根据自己企业的业务需要生成职位说明，关注可能的数据和算法，并提出修改建议

从候选人池子中筛选和匹配简历，给出评估建议，并创建相应的信息模板

申请人追踪系统、申请状态查询反馈、员工入职衔接等

图 2-1　人员招聘与甄选的全景图

资料来源：SCHMITT N, CHAN D. Personnel selection: a theoretical approach [M]. Thousand Oaks: Sage, 1998:2-4.

---

① SCHMITT N, CHAN D. Personnel selection: a theoretical approach [M]. Thousand Oaks: Sage, 1998:2-4.

② GUION R M, GOTTIER R F. Validity of personality measures in personnel selection [J]. Personnel Psychology, 1965,18(2):135-164.

　　有效的人员招聘和选拔对于组织财务产出和其他绩效的正向影响已经被管理研究和业界实践多次验证[①]，但多数情况下，企业的招聘水准却仍然落后于业务需求。造成这个问题的原因有很多，例如，很多企业"重绩效、轻招聘，重结果、轻过程"，在人员选拔时采用了较为粗略的、结果导向的人才标准；在甄选时，过于强调可以被量化的"硬"技能而忽视了工作需要的关键"软"技能；负责招聘的管理者们为了节省时间和成本，倾向于使用直觉导向和信效度不高的招聘方法（如非结构化面试）；此外，人员选拔政策在公司内部是否具有一致性也很重要，很多企业的人员选拔标准和落实流程在企业内部的不同部门之间有很大的差异或随意性，这些都会影响人才选拔的效果，降低人员选拔对企业的价值。

　　据领英（LinkedIn）等招聘网站的调研估计，全球有35%~45%的企业已经在员工招聘的流程中采用自动化或人工智能工具（见图 2 - 2）。我们都期待新的数字技术能够帮助我们提升匹配人才的能力，即用人工智能技术将招聘和甄选过程中重复耗时的工作自动化，并在整个招聘过

---

　　① HUSELID M A. The impact of human resource management practices on turnover, productivity, and corporate financial performance [J]. Academy of Management Journal, 1995,38(3):635 - 672.

程中实现个性化的数据洞察、分析和推荐功能，使招聘人员可以专注于复杂的甄选判断和沟通工作。

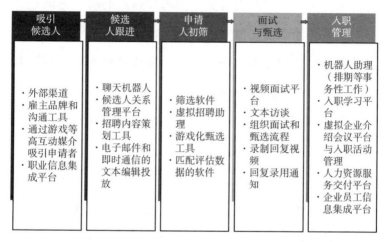

图 2-2 数智技术在招聘活动活动中的应用
资料来源：作者根据公开资料整理。

目前人工智能产品在招聘和选拔中显现出来的主要局限是选拔和预测的准确性和数据隐私问题。例如，在招聘中日益流行的视频面试法，其评估效果可能受到相机角度、口音和文化背景等多种因素的影响而降低了选拔的准确度。另外，用人工智能产品收集招聘者各个方面，包括社交媒体的数据，涉及数据质量、候选人是否会操纵数据，以及候选人的隐私问题。因此，从理论上，我们可以前瞻数智工具的优势和潜力，但在实际应用中，人工智能产品在多大程度上能够准确识别人才？使用人工智能招聘和甄选在多大程度上、在何种场景下优于传统方法？未来开发和利用人工智能进行员工招聘和甄选的研发方向是什么？这些问题都还在摸索中。我们在这个小节综合了近年来的实证研究和业界实践，希望引发读者对于人才招聘和甄选领域更多的思考和讨论。

2.1.2　数智技术在招聘活动中的优势与潜力

数智技术在提升招聘和选拔效率方面展现出很多优势，例如，快速处理大批量的简历并进行自动化的初步筛选，同时，大幅度地降低在初筛阶段的人力成本和时间成本。目前市场上比较普及的产品可以使用 NLP 分析简历和社交媒体数据，并对视频面试的数据进行评估，或通过算法对个人与职位之间的匹配度进行评估等。同时，一些算法还可以综合运用不同的心理测量工具预测员工绩效，如认知能力、责任心等，并根据岗位需求对各项因素进行加权。随着预测因子数量的增加，算法能够深入分析和学习不同的预测因子与工作表现之间的关系，并逐渐降低预测偏差，辅助管理者们提高人员选拔系统的有效性。

算法在一定程度上还可以减少企业招聘和甄选中的偏差。很多企业的招聘所面临的主要问题是缺乏结构化的人员招聘和选拔流程，在这些企业，面试官和决策者的主观喜好起到了比较重要的作用，很可能导致有偏见的决策，从而降低了整个招聘体系的内部一致性和甄选效能。在这种场景下，使用数智工具可以促进人员选拔流程的标准化和结构化，为申请者们创建相同的体验，增加他们对于申请流程的感知公平。此外，在面试中，数智应用可以记录和分析候选人的声音（如音调、响度和强度）、身体动作（如手势、姿势等），以及面部表情（如快乐、惊讶、愤怒等），从而综合评估候选人的个人特点、表达风格、沟通技巧、说服力、抗压性，以及逻辑能力，并结合其他测评数据预测申请者的工作表现。同时，算法对于员工的评估不会被类似晕轮效应或者反差效应等认知偏见所影响，将进一步减少认知偏差。

　　数智技术的另一个优势是辅助管理者个性化定制招聘活动，进而构建更匹配的备选人才池。通过分析历史简历和招聘需求，算法能够根据市场供需动态和企业的需求变化，建议管理者调整选拔标准和流程。人工智能可以处理多种类型的数据输入，如书面文本、音频和视频，从而为分析庞大、嘈杂和无结构的数据提供了新的可能性。随着数据管理水平的不断提升，算法甚至可能突破公司内部已有的人才甄选框架，发掘之前未被注意但是有价值的选拔标准，例如，从"非名校"的池子里发掘更符合岗位要求的人才特质，从而拓展人才池并提升人岗匹配。

目前对于人工智能甄选的有效性已经积累了一定的实证结果。例如，在视频甄选方面的研究表明[①]，经过专家评估的模型通过分析面部表情、语言和声调信息（如音高），能够较好地预测申请者的性格特质，并给出面试评估和招聘建议[②]。其中，口头表述的内容文本（即申请者"说了什么"）对预测效果的贡献最大；而面部和声音节律信息对预测效果的贡献则相对较小。进一步看，在训练人工智能评估人格特质，例如"责任心"和"外向性格"时，使用面试官的评价数据比使用申请者自我报告的评估数据效果更好[③]。

此外，人工智能还可以通过社交媒体数据（如申请者如何在社交媒体中展示自己）分析申请者的特征。例如，通过分析脸书（Facebook，美国社交媒体平台，现称

① NAIM I, TANVEER M I, GILDEA D, et al. Automated analysis and prediction of job interview performance [J]. IEEE Transactions on Affective Computing, 2016,9(2):191-204.

② CHEN L, ZHAO R, LEONG C W, et al. Automated video interview judgment on a large-sized corpus collected online [EB/OL]. (2017-10-01) [2023-12-24]. https://www. semanticscholar. org/paper/Automated-video-interview-judgment-on-a-large-sized-Chen-Zhao/da9bcb5ecaa9d975aa5eb88ef59331 854c54d0c9.

③ HICKMAN L, BOSCH N, NG V, et al. Automated video interview personality assessments: reliability, validity, and generalizability investigations [J]. Journal of Applied Psychology, 2022,107(8):1323.

Meta）上的文本内容，人工智能模型可以预测申请者的人格特质和智力水平等，且其预测结果在 6 个月的时间间隔内保持相对稳定①。研究显示，相比于自我报告的人格测试，人工智能基于社交媒体数据预测的人格特质比人类招聘者的预测准确度略有提高②。还有一些研究表明，由算法选拔的候选人通过面试并入职的可能性比一般选拔流程高出 14%，这些员工入职后的生产力会高出 0.2~0.4 个标准差，且在薪资谈判中提出异议的可能性也要低 12%③。此外，大部分研究都提到，使用算法可以大幅节省选拔成本。

　　总的来说，我们能看到数智化工具在选拔过程中的应用价值初显成效。使用算法等工具能高效处理大量数据，在扩大甄选范围的同时减少成本，并减少一些潜在的人为偏见。目前，很多人工智能甄选的研究还在进行中，我们还需要积累更多的证据来分析算法在招聘中运用的可靠性、有效性和公平性。从目前的趋势看，我们可以

---

　　① PARK G, SCHWARTZ H A, EICHSTAEDT J C, et al. Automatic personality assessment through social media language [J]. Journal of Personality and Social Psychology, 2015,108(6):934.

　　② KOSINSKI M, STILLWELL D, GRAEPEL T. Private traits and attributes are predictable from digital records of human behavior [J]. Proceedings of the National Academy of Sciences, 2013,110(15):5802－5805.

　　③ COWGILL B. Bias and productivity in humans and machines [EB/OL]. (2019－08－10)[2024－03－15]. https://papers. ssrn. com/sol3/papers. cfm? abstract_id=3433737.

预见数智工具在人才选拔和评估方面将发挥越来越重要的作用。

2.1.3　数智化应用在招聘和甄选领域的局限性与创新机会

消除算法的偏见在很大程度上取决于用来训练模型的数据：如果训练模型的数据承接了过往招聘和甄选模式的偏见，那么即便算法和模型是可靠的，偏见可能依然会在数智化招聘中存在，甚至在系统标准化执行的过程中被放大。在 2014 年，亚马逊工程师团队启动了一个旨在自动化招聘流程的项目，包括一个用于筛选简历的算法。然而，公司发现，该算法对软件工程师职位的女性申请者存在系统性歧视。训练算法的数据主要基于男性工程师的简历，导致算法倾向于选择与现有男性员工简历相似的申请者。具体歧视方式包括对毕业于女子学院的候选人不利，降低包含"女性"词汇的简历评分，以及偏好使用男性倾向动词的简历等。尽管程序员尝试修复这一问题，但最终未能成功，亚马逊在一年后停止使用该软件。这个事件引起了人们对算法偏见的广泛关注，并提醒人们，在数智技术进一步提升企业招聘和甄选效率的同时，企业需要持续识别和刷新那些真正能够促进企业成功和员工高绩效的驱动因素，并以此为基础训练模型，减少由于数据偏差或人类偏见带来的甄选"噪声"。

好消息是，近年来的一些研究还揭示了算法可能会在甄选时带来惊喜，即从数据中挖掘出"非传统"人才：这些人可能来自非"精英"的学院，不一定满足企业常用的一些"硬条件"，比如相关工作经验、专业资质或大学成绩，但因其在某些方面表现出的强项（如责任心强或表达能力出众）而被算法选中。算法这些不走寻常路的"思考"方式不仅可以启发管理者拓展人才招聘的思路，同时也带出了一个重要的观点，即使用限制性的、硬性的甄选标准（例如，我们只招聘来自 985 等重点大学[①]的毕业生）可能会牺牲甄选活动的创意和潜力。

在招聘和甄选时使用的人才标准一般是基于岗位描述以及企业内部绩优员工的"特征"来构建的[②]。但是，对于这种做法的质疑总是挥之不去。首先，输出绩效分数和绩优员工特征的绩效体系，是不是靠得住？当被问及"哪些特征能够解释和区分员工之间的绩效差异"时，恐怕很多企业对其绩效评估和管理体系都不是十分自信：大多数

---

①　985 大学是指 985 工程建设大学。1998 年 5 月 4 日，在庆祝北京大学建校 100 周年大会上，时任国家主席江泽民宣告：为了实现现代化，我国要有若干所具有世界先进水平的一流大学。由于是 1998 年 5 月提出的，故称为 985 工程。

②　Top Echelon. com. How to protect candidate data during the recruiting process［EB/OL］.（2023 - 03 - 10）［2024 - 04 - 02］. https://ovic. vic. gov. au/privacy/resources-for-organisations/privacy-during-recruitment/.（内容经作者综述。）

企业的绩效考核体系严重地偏向财务指标和显性的量化结果，这些从数字到数字的体系很容易忽略工作过程和员工日常行为。而现实中的绩优员工是有血有肉的，其特质和绩效之间的关系复杂而"立体"，需要通过大量过程数据和行为数据来诠释和提炼他们的特点才能形成有效的模型。如果我们甄选的时候，只关注一些显而易见的表面特征（如毕业院校、性别、工作经验），而忽略了影响实际工作绩效的深层要素（如合作精神、学习潜力等），根据这样的模式构建的算法也会错过一些真正有潜力的候选人。这就是为什么在依赖算法做出重要决策之前，我们需要仔细考虑和验证我们用来构建算法的数据质量以及假设的完整性与合理性。

　　通过甄选算法预测工作绩效是一个复杂的问题，涉及很多复杂的变量并需要评估者判断变量之间的逻辑关系。目前大多数机器学习模型并不在意推理的过程，而只是关心一些表面的相关关系是否存在。例如，市面上有些数智产品会帮助企业客户进行视频面试，基于这些视频中捕获的候选人的面部表情来构建算法。这些算法常常是根据客户公司优秀员工的数据进行训练的，然后将求职者的表情与算法构建的优秀员工的面部表情、声音等属性进行对比，再根据二者的相似程度进行评估。但是，仅仅基于面部表情（或其他显性特征）来区分好员工和不好的员工可能不是一个可靠的方法。无论是表现好的还是表现不好的员工，在面对某种相似的工作情况时，他们可能会呈现出不同的面部表情；同样，面对不同的工作，他们也可能呈现出相似的表情。如果我们不仔细审视这两种情况，我们就无法确定面部表情是否真的能作为预测绩效好坏的有效标准。推而广之，和人类甄选者类似，算法可能会错过一些原本能表现得很好的候选人；同时，算法也会捕获绩效优秀者的一些属性，但算法无法确定这些属性是否真正能够区别绩优者和非绩优者。为了避免这个问题，我们需要偶尔停用这种算法，不依赖它来进行招聘，以此来检验那些不符合算法标准的候选人是否真的会表现得更差还是反而更好。为了更精准地评估甄选标准，也可以用实验的方法，每次关闭一个标准，然后观察选拔的效果。

无论是人类使用传统回归来预测还是用机器学习算法，都经常会遇到"选择性偏差"，这个问题是由于样本选择或者变量的选择限制了预测的效果。例如，长期基于"大学学分绩点"为主要维度甄选新员工的雇主可能会发现，如果在企业内部用大学成绩和工作绩效进行相关性分析，得出的统计结果可能是不显著的。这是因为该公司校招的新员工大学成绩"门槛"都很高，这些新员工入职后在这个方面差异就很小，因此很难确定大学成绩与公司所需要的实际工作表现之间真正的关系。如果算法承接了相似的数据和甄选变量，也会出现同样的偏差，无法找到真正对绩效有效应的甄选变量；当公司的人才需求有了变化，而大学成绩不再显著影响绩效时，也不太会被企业发觉和调整。而且，与传统的建模方法一样，机器学习算法也会受到劣质数据的影响：即使是运用复杂或优化的人工智能算法，如果训练算法的数据有偏差，人工智能的决策很可能会扩大偏差的程度。这些问题都会导致求职者对算法决策产生怀疑，甚至可能会给企业带来信任危机。

　　专业的招聘经理会不会被算法所替代？我们总结了一个表格来回答这个问题（见表2-2）。总的来说，跟有经验的招聘经理相比，算法还无法从认知角度复制人类招聘和评测雇员的"直觉"或"经验感"，当评估诸如"领导力"或"团队合作"等难以量化、具有情境性的软技能时，使用算法的效果并不理想。面向未来，员工甄选的有效性依然取决于组织目标、职位分析、甄选设计等要素的匹配，而最优的甄选结果通常来自人类专家与机器的混合：用人工智能来提升甄选效率和数据驱动的洞察，助力减少人为的偏见；人类招聘专家则通过情境理解力、适应性判断和伦理考量来提升甄选的信度和效度。

表2-2　人类招聘专家与人工智能在员工甄选方面的对比

	指标	人类招聘专家甄选	人工智能甄选
有效性	甄选的结果能否预测工作表现？	招聘专家依靠经验和直觉，通过面试和申请材料评估候选人。他们可能使用结构化面试、评估中心或心理测量测试来衡量适宜性。甄选有效性通常基于过去的招聘成功和主观判断	人工智能可以分析大型数据集，识别候选人属性（如技能、经验、性格特征）与工作表现指标之间的模式和相关性。通过比较预测表现与实际工作成果来评估有效性
	甄选的结果是否匹配工作要求？	人类专家通过工作分析评估内容有效性，确保选拔标准（如工作描述、选拔工具）能够准确反映工作要求。他们可根据不断发展的工作角色和组织需求调整标准	人工智能可用来匹配候选人资格（如教育、认证）与工作要求之间的吻合度
可靠性	甄选决策是否一致？	人类专家的可靠性取决于他们的培训、经验和遵守结构化的评估程序，通过评分者间决策的一致性来评估可靠性	人工智能根据预定义的标准和数据驱动的分析提供评估，通过不同数据集的候选人评估和决策的一致性来衡量可靠性
	是否增加公平性，减少偏见？	人类专家可以通过结构化面试、标准化评估和多样性培训来减少偏见，然而，无意识的偏见仍可能影响决策	可通过分析客观数据点而非主观印象来减少偏见，然而，偏见仍因有缺陷的训练数据或算法设计而出现

	指标	人类招聘专家甄选	人工智能甄选
可靠性	比较评估？	情境理解：人类专家可以解释微妙的信息，并评估人际交往能力，人工智能目前并不擅长。 适应性：人类专家可以根据特定组织需求或独特的工作要求调整评估标准。 伦理考量：人类专家可以应对伦理困境，并判断决策中的公平性	可扩展性：人工智能可以快速处理大量数据，提升筛选效率。 数据驱动的洞察：人工智能可以发现人类专家可能忽视的模式和相关性

资料来源：作者根据公开资料整理。

2.1.4　如何萃取人工智能对于招聘和甄选的价值？

2.1.4.1　夯实甄选的有效性和可解释性

无论是否使用算法，招聘和甄选都要面对两个关键问题：①人员甄选的标准和过程是否有助于预测申请者未来的工作绩效？②申请者在招聘和甄选过程中的体验是否有助于提升企业的吸引力和雇主品牌[①]？

一个多世纪以来，工业心理学家和管理者们在提升人员甄选的有效性方面积累了大量经验。可供参考的出版物很多，包括美国心理学协会（American Psychological

---

① LANDERS R N, COLLMUS A B. Gamifying a personality measure by converting it into a story: convergence, incremental prediction, faking, and reactions [J]. International Journal of Selection and Assessment, 2022, 30 (1): 145 – 156.

Association，APA）和人力资源管理协会（SHRM）等出版的《员工选拔程序统一指南》^①等，这些出版物都明确强调了员工选拔有效性的不同方面。例如，选拔标准是否能够预测工作表现？评估内容是否与职位要求高度相关？候选人是否具有完成工作所需的特质？

从引入数智化应用的角度看，这意味着以下几点：

1）在数智化情境下，我们使用的选拔工具和选拔标准是否能够准确预测工作表现？

这个问题可以进一步被拆分成以下几个方面：

（1）预测准确性：使用数智化工具进行分析，在多大程度上可以有效预测申请人的实际工作表现？

（2）实证经验：数智化工具是否经过历史数据或员工试用期的数据分析等实证研究检测？

（3）样本代表性：是否使用了广泛而多样的数据样本训练甄选模型，以确保数智化工具对于不同群体的预测是准确而无偏的？

2）在数智化情境下，我们使用的选拔工具标准是否具有内容效度？

①　TIPPINS N, SACKETT P, OSWALD F. Principles for the validation and use of personnel selection procedures［J］. Industrial and Organizational Psychology, 2018, 11:1 - 97.

这个问题涉及人工智能的选拔工具是否与职位要求高度相关？主要体现在以下两个方面：

（1）工作相关性，即算法的设计能否直接反映工作的职责和要求？

（2）专家评估内容效度：算法选拔的内容是否能够通过企业内外部专家的参与和评估，以确保其选拔的内容与实际的工作密切相关？

3）算法招聘的透明度和可解释性

算法选拔的过程是否透明且能够被用户（如人力资源从业人员、业务主管或应聘者）理解和信任？

使用算法招聘会产生一些不可解释的"黑箱"问题。这个问题是目前应用算法进行管理的一个核心挑战。"可解释性"的算法也叫"透明的人工智能"，意为让人工智能系统以人类能够理解的方式解释其决策过程。目前专家从各个方面倡导提升算法的可解释性。第一，企业可以选择简单且易解释的模型，如线性回归和决策树，或者使用LIME和SHAP等技术增强复杂模型的可解释性①。第二，企业可以展示和说明各项关键特征对决策的贡献，并在模

---

① LIME（Local Interpretable Model-agnostic Explanations）和 SHAP（SHapley Additive exPlanations）是两种常用的技术，用于解释机器学习模型的预测结果。

型构建过程中选择易于理解的特征。第三，企业可以通过可视化工具和局部解释方法，如决策路径可视化和具体案例分析，帮助管理人员和员工理解模型如何决策。第四，企业可以定期生成模型评估报告并收集用户反馈，以持续改进模型的可解释性。第五，企业需要为管理人员提供算法和数据科学基础知识培训，编写易于理解的使用指南。通过这些方法，可以有效提升算法的透明度和信任度。这些建议不仅限于招聘和甄选，在人力资源管理的各个方面都可以使用。

2.1.4.2　分析选拔体系的整体效率和效益

20 世纪 90 年代以来，企业采纳了多种方法量化和分析招聘的效能。针对招聘体系的分析主要包括成本效益分析、时间效率分析、招聘质量分析（如新员工的早期绩效、离职率和员工满意度）、招聘渠道效果、应聘者体验、招聘转化率，以及招聘投资回报率（ROI）等。这些方法能够帮助组织更精准地评估员工招聘的成本、速度、质量，以及招聘活动对组织的长期影响。此外，通过对不同招聘渠道的分析，组织可以找到更有效的招聘途径；通过调查新员工的应聘体验、入职后绩效和满意度，可以帮助我们提升招聘活动的质量和公司的雇主品牌。当我们在这些方面的运营数据积累到一定程度时，还可以建立模型来全面提升招聘和甄选的投入和产出。

值得注意的是，使用数智化工具并不是提升甄选效果的灵丹妙药。当前企业的招聘和选拔体系常常被诟病"无效"，关键问题是投入不足，急功近利。例如，很多企业倾向于选择低成本且方便的招聘方法，仅仅采用面试就做出决策，省去了笔试、特质评估和工作样本等多种测试结合的方法。这样做虽然降低了局部的成本，但可能导致因人员配置不当影响整个组织的效率和效益，甚至损害企业的雇主品牌。工业心理学的大量研究表明，管理成熟度更高的企业通常会采用多种甄选方式的组合以提升人才选拔的效果，而精心规划和实施招聘活动，还将为企业和员工奠定良好的雇佣关系。

需要提醒企业的是，实施算法招聘需要在数据获取、清洗、软硬件和培训方面进行大量的前期投资，包括对算法进行反复培训，提升其模型的有效性和准确度。因此，前期的投入会耗费大量资源，企业对此要有合理的预算和预期。

2.1.4.3　选拔过程中的数据分析

1）分层分级

分层分级是人才管理的重要手段。我们期待引入数智化手段能够为分层分级提供更准确的数据分析和决策支持。例如，通过分析历史数据和当前申请人的表现来精确设定甄选分数等级的带宽。相对于传统的分析方法，算法能够分析和解读大量的多来源、多类型数据，更快地捕捉到关键预测因子与工作表现之间的联系。此外，当企业的数据量和算法的分析能力积累到一定程度后，算法还可以识别出不同的人才分级方案对备选者的池子和最终选拔结果的影响，并与现有的员工技能系统和绩效反馈系统相结合，为企业管理者提供更全面的人才管理建议。这项工作的产出对于企业的人才梯队建设和薪资分配也有很大裨益。

2）多个预测因子加权法

从理论上讲，算法能够通过处理大量复杂的数据集，快速运行多种权重组合来进行预测性分析，甚至可以实时调整权重。应用在人员选拔方面，算法可以分析大量的工作描述和职位要求数据，学习与优化各个预测因子在特定工作中的相对重要性和权重。人工智能还能够根据行业趋势和变化，实时更新和调整这些权重，以确保选拔标准和选拔过程与当前的劳动力市场供需以及企业人才池的情况相匹配。

从目前的应用趋势看，招聘和甄选是人工智能在人力资源应用方面最早落地也最有发展潜力的场景之一。在数据分析方面，人工智能的应用可以帮助管理者更有效地优化预测因子及其权重，为企业招聘决策提供更深入的洞见。随着数智技术的不断进步，可以预见，新技术将在人员招聘和选拔的数据分析和预测方面发挥更重要的作用。

2.1.4.4　实操过程中的常见问题

1) 如何减少偏差，降低员工对于算法的不信任

第一，企业要意识到，人工智能算法会有偏差，产生这些算法偏差的原因可能包括：输入数据扭曲（样本的代表性不足），输入数据中的人为偏见（算法复制了这些偏见），算法本身的技术约束，以及构建算法后数据的变化。目前，很多企业都从市场上采购人工智能产品插件，而我们对于人工智能产品供应商们如何处理这些潜在偏见所知甚少，因此，在采购和评估供应商的时候需要特别关注。在 67 页有相关自查问题列表，供企业参考。

第二，为了保持企业的雇主品牌和吸引力，企业在实施算法招聘时必须从申请者的角度考虑技术的影响，严格保护申请者的隐私和信息披露边界；企业还需要考虑使用算法对申请者主观感受的影响。算法应用的"不透明性"会导致申请人和招聘方之间缺乏信任感，而招聘期间的"信任"是组织和员工之间心理契约的基础。导致人工智能应用"不透明"的原因一般是由于系统本身复杂、无法

解释，或者是由于使用者和评估者缺乏相关的专业知识。解决这个问题的一种策略是帮助申请者理解算法工作的原理，减少员工和申请者对于算法的厌恶；另一种策略是通过不断提高算法的解释性和可理解性来拆解算法的"黑箱"。比较简单易行的做法是直接观察和询问申请者，听听他们对于算法筛选的过程有哪些体验，哪些方面会影响他们的公平感，参与某些企业招聘的经历是增加还是减少了该企业对他们的吸引力等。研究表明，相较于传统的招聘模式，如果员工对于算法招聘模式及其运行机理不甚了解，使用算法招聘会降低员工对公平感的感知。有意思的是，如果应聘者在传统的甄选过程中有过被歧视的经历，则可能会更积极地看待算法甄选，甚至认为算法更"公平"，使用算法甄选也不会妨碍企业对这类人群的吸引力①。

2）如何平衡招聘的速度与甄选效果之间的矛盾

候选人在选拔过程中退出是令企业头疼的事情。业务主管一般会觉得，这是因为人力资源体系的动作太慢，导致招聘过程拉得太长。业务端需要用人时，会倒逼人力资

---

① MAHMUD H, ISLAM N, AHMED S I, et al. What influences algorithmic decision-making? a systematic literature review on algorithm aversion [J]. Technological Forecasting & Social Change, 2022, 175:121390.

源部门加速招聘；而人力资源部门从招聘质量的角度会认为，招聘和甄选过程需要合理的时间以提供更可靠的评估结果，让申请者们展现更多与工作相关的特质，从而提高甄选的有效性。有些企业认为使用数智技术可以提高招聘效率，减少候选人退出。这个想法有些道理，数智技术的确可以在一定程度上提升效率，但循证研究指出，招聘时间的长短与候选人的退出率或是否接受职位并无直接关系，候选人留下来更多是因为较高的薪酬水平和良好的企业形象这两个因素。因此，了解和积累更多类似的循证经验能够帮助企业提升招聘体系的效率和效益，预测中请者的行为。

3）如何防控申请人造假

在人员招聘的过程中，防止申请人造假是一项现实且重要的任务。面试作假通常指申请人为了对招聘决策产生积极影响而采取各种操纵性行为，比如夸大个人经历、技能、成功，提供虚假的场景和案例等。目前运用数智化工具限制造假的方法主要分成预防性方法和反应式方法两类。在预防性方法方面，人工智能可以用于分析申请人提供的各种信息，并与其他来源的信息进行比对，以检测信息的一致性和真实性，增加造假的成本。在反应式方法中，可以利用算法来分析和识别出与常规不符的得分或答案，以提示存在潜在的造假行为。

4）用游戏化选拔提升申请者体验

游戏化选拔程序和基于游戏的评估（game based assessment，GBA）正在成为传统人才选拔的一种补充方式。游戏化选拔在传统选拔程序中的个性测试或情境判断测试等环节中加入游戏元素，例如动作、挑战、沉浸体验和规则，在形式上更有趣，也更吸引人。这种设计不仅提高了申请人的参与度，还能在模拟的工作环境中综合考察他们的职业能力和性格特质。游戏化选拔在测量有效性方面与传统方法相似，但申请人的内在动机更强，参与体验也更好[①]。当然，这种功效在很大程度上依赖于不同游戏化选拔工具的具体设计和实施质量。

数字技术的发展，包括人工智能和虚拟视觉技术等，将进一步优化游戏化选拔程序。新的数字技术和硬件的发展可以设计出更为精准和个性化的游戏化场景，提升评估内容与目标工作绩效的相关性。人工智能可以处理和分析大量游戏场景中的数据，使评分和反馈过程更加结构化和标准化，从而提高整个选拔过程的公平性和有效性。

5）运用算法招聘和甄选的起步动作：企业自我提问和

① LANDERS R N, ARMSTRONG M B, COLLMUS A B, et al. Theory-driven game-based assessment of general cognitive ability: design theory, measurement, prediction of performance, and test fairness [J]. Journal of Applied Psychology, 2022, 107(10):1655.

诊断

　　目前，人工智能在招聘和甄选中的应用基本有三大类：聊天机器人、筛选软件和任务自动化工具。大多数采用这些人工智能工具的公司往往是规模更大、科技底蕴更丰厚的企业或者数字原生企业。由于人工智能在招聘流程中的辅助，招聘人员的角色也逐渐发生了变化，有些公司甚至无须雇佣招聘人员，而将整个招聘和选拔的流程外包给第三方，以此节约招聘成本。与此同时，招聘流程的数智化也将给求职者带来新的体验，这些新体验有正向的，也有负向的。与传统场景相似，无论是将招聘流程外包还是自动化，企业需要主动管理求职者的体验。

　　人力资源数智化转型的需求激发了市场上招聘和甄选软件的蓬勃发展，很多产品声称通过定制化的招聘方法和大规模的求职者跟踪，可以提高人员评估和人力资源效率。但这些软件的有效性如何？"更快"地识别人才是否意味着"更好"地识别人才？使用人工智能招聘和甄选是否真的优于传统方法？这些问题都需要企业高管们持续关注和积极寻找答案。很多企业不具备自我开发这些应用的资源和能力，因此需要向外采购。我们建议企业首先自问自答以下几个问题，在这些问题背后，是对于企业的人才招聘和甄选体系乃至整个人力资源数智化转型的深入思考。毕竟，在数智化时代，提问的能力比搜索答案的能力更重要。

（1）对外采购数智化产品时需要回答的问题。

> • 所要采购的软硬件工具解决了我们在人力资源——招聘和甄选方面的哪些问题？
>
> • 所采购的工具能够提供哪些解决方案（或备选方案）？
>
> • 在市场上，类似的应用程序被采用的数量和程度如何？目前有哪些公司在销售类似的工具？我们的竞争对手们在多大程度上采用了类似的工具？有哪些用户反馈？
>
> • 这些应用工具在投资回报率、采用水平、增长机会和成本方面的差异是什么？每个应用所适合的企业规模是怎样的？哪些应用更主流或者性价比更高？

（2）面向企业内部的招聘和甄选的相关问题。

> • 我们是否持续审视人才甄选的有效性（例如评估方法和效果）？
>
> • 我们能否时常审视和尝试新的预测指标？这些预测指标的效果如何？（例如，笔试成绩是否能够预测绩效？）

● 在选拔时间、烦琐程度、成本和效益之间，我们权衡（取舍）的原则是什么？（回答这个问题也为人工智能算法的权重设置提供了有效指引。）

● 目前来看，选拔的流程和工具对于组织绩效和人才发展/保留有什么影响？我们如何评估这些影响以改进甄选过程和工具？

● 员工提供的（哪些）背景信息对选择程序有影响？有哪些"硬性"的影响？（例如，毕业院校必须是985或者211？需要加笔试或经过特别委员会讨论？）

● 我们公司采用的哪些方法对于结构化的能力（如认知）是有效果的？如何测量一些非结构化的"软"能力（如领导力和企业文化等）？

● 如何使用技术和非技术手段检测和减少组织选拔过程中申请人造假？

● 哪些设计因素对选拔程序评估标准影响最大？

● 评分方法（如反复测试）对评价标准有什么影响？

● 与传统方式打出的分数相比，人工智能打分的标准相关效度如何？

● 基于人工智能的评分在多大程度上产生了亚组

差异（例如，面对不同年龄段、不同性别、不同学历的员工）？这些差异背后的原因是什么？

● 基于人工智能的评分可以预测绩效差异吗？

● 参与招聘和甄选流程的各种利益相关者（如申请人、招聘经理）如何看待基于人工智能的选拔程序？各自的体验如何？有哪些改进空间和机会？

● 组织如何选择临时务工者？对于企业需要的零工和远程工作者们，哪些技能、知识和人员特质是重要的？目前的选拔过程可能会对这些人群产生哪些偏见或误判？

在引入数智驱动的招聘和甄选工具前，审慎地回答以上问题是十分有意义的。这些问题的原理对于其他人力资源模块的实践也适用，只需要把其中的招聘和甄选场景转换成绩效、薪酬或培训等场景，问题的本质不变，因此，下文不再重复。

6）招聘和甄选数智化的底线：申请者的数据安全

关于将人工智能应用于招聘和甄选，业界和学界的专家反复提醒的要点是关注道德、法律，特别是关于数据采集和模型"黑箱"的挑战。企业相关的策略应涵盖数据收集、存储、访问、保留和处置等主题。从实际操作的角度，需要策划以下步骤：

（1）制定数据保护政策。数据保护政策是一套准则和程序，规定组织如何收集、存储和使用申请者的数据。在招聘过程中，制定数据保护政策是保护候选人数据的重要步骤。该策略应涵盖数据收集、存储、访问、保留和处置等方面，并说明组织如何防止候选人数据遭受未经授权的访问、盗窃或滥用。

（2）限制数据收集，保证存储安全。组织应仅收集招聘过程中必需的数据，以减少敏感数据的存储量和降低数据泄露的风险。在收集和存储个人数据前，必须获得候选人的同意，并告知数据的用途和访问权限。候选人应有权选择随时退出，并不再被作为企业采集数据的对象。

企业需要确保候选人数据的安全存储，包括物理安全措施（如上锁的机柜和访问控制系统）和数字安全措施（如防火墙和加密）。在云中存储数据可提供冗余和备份，进一步提高安全性。使用具有内置安全功能的招聘平台，如数据加密、访问控制和自动备份，也有助于保护候选人数据。

（3）对员工进行数据保护培训，快速响应安全漏洞。处理候选人数据的员工必须接受数据保护培训。这包括了解数据保护的重要性，识别潜在的安全威胁，以及了解如何应对安全漏洞。组织应该对员工进行有关数据保护政策和业界最佳实践的培训。组织还应确保员工签署保密协议，澄清他们在数据保护方面的责任。组织必须制定应对安全漏洞的计划，这包括识别违规行为，通知受影响的候选人，以及采取措施减轻损害。组织还应该制定向监管机构报告安全漏洞的程序。

（4）正确处理数据，监视和审核数据访问。当不再需要候选人的数据时，组织必须妥善处理这些数据，这包括安全删除数字数据，粉碎物理文档，以及处理数据存储设备，例如硬盘驱动器和 USB 驱动器。组织应监控和审核数据访问，以确保只有经过授权的员工才能访问候选人数据。这包括监控访问日志，定期进行安全审计，以及审查数据访问权限，以便在员工不再需要访问申请人数据时撤销其访问权限。

2.2　人工智能与薪酬管理

2.2.1　数智时代的薪酬管理体系：现状与趋势

薪酬在劳资关系中的重要作用无须多言。企业之间的竞争和日趋多元的员工需求都进一步增加了薪酬策略的重要性。薪酬体系不仅是吸引、激励和保留优秀员工的关键

　　因素，而且是推动整个组织为了共同目标而努力的核心手段。薪酬体系的公平性和激励性对员工满意度和组织整体生产力有显著的影响。通过将薪酬与个人或团队的绩效挂钩，可以增强薪酬在组织中的激励作用和分层作用。为员工设定与绩效相关的薪酬目标，可以激励他们为达成这些目标而努力。当员工看到高水平的薪酬和激励时，他们会提高自己的生产力和工作绩效。同时，高水平的薪资以及与绩效挂钩的激励还可起到分层作用。研究表明，绩优员工更偏爱薪酬和激励高的企业①，在保留绩优员工的同时淘汰表现不佳的员工，这些都体现了薪酬的分层作用。技术进步让我们有望获取更多应对薪酬挑战的创新性方案，同时，人工智能等数智化工具又会给薪酬管理增加新的复杂性，因其涉及自动化的效率和效益、决策的公平性和透明性等问题。我们眼前的问题是：如何成功地将数智技术融入薪酬管理？

　　在信息化时代早期，薪酬系统的数据主要由员工数据库和工资单构成，这些也是人力资源信息系统的基础。由于数据存储和处理能力的局限，早期薪酬系统能够处理的数据规模和类型都非常有限。此外，数据的应用都是基于

---

　　① DAS B L, BARUAH M. Employee retention: a review of literature [J]. Journal of Business and Management, 2013,14(2):8-16.

一些标准化的常规性变量，包括职称、基本工资、绩效加薪、奖金金额和总薪酬等；分析方法也很基础，通常是排序和加总等。互联网和移动互联技术的出现使得薪酬信息的可访问性从人力资源和 IT 部门扩展到了更广泛的人群，业务主管可以方便地用手机查看其直接下属的薪酬范围和对标等信息。

在数智时代，薪酬算法的主要用途从处理和分析基础薪酬数据，扩展到辅助预测甚至给出薪酬管理建议。在某些预设的情况下，薪酬算法也能够执行自动化的流程。与其他管理领域的情况类似，薪酬算法在迅速发展的同时，也受到数据的数量、质量的限制以及决策是否"可解释"的挑战。

与信息化早期相比，当前使用人工智能处理的数据规模要大得多，类型也更多，因此出现了"薪酬大数据"的提法。"薪酬大数据"通常包括跨地域、多组织的实时数据①，并且可能涵盖定量、定性、图片、语音、视频等多种类型的数据。人工智能最大的优势是能够从数据中学习，识别数据中的模式并进行预测，而不是简单地用当前的数据和指令更新过去的数据。我们期待在下个阶段，人

①　跨组织的数据应用仍处于早期阶段。

工智能可以根据管理者的要求提出一些建议，例如，对外抓取和对比某工作族类的绩效标准、薪酬比率，以及外部劳动力市场中从事类似工作的员工当前的薪酬范围。面向企业内部，我们期待人工智能可以根据战略需要和职位价值等评估薪酬架构的内部公平性，甚至估算出员工因为薪酬的内部或外部公平性原因而离开公司的风险概率。

类似于我们在第1章提到的技术成熟曲线，目前对于薪酬算法的期望可能超过了实际的应用。第一，数据方面存在挑战，目前大多数组织的规模还不足以支撑"薪酬大数据"。单个组织的数据规模受限于员工数量、数据字段和数据收集频率等因素。第二，目前大多数人力资源管理和薪酬软件提供的功能大多基于内部运营活动（如工资单、绩效加薪和福利登记）相关的数据库管理和记录保存，无论是数据还是应用都还比较基础，尚不能为薪酬规划和决策提供必要的集成分析功能。大多数企业还是通过"打补丁"（即在现有系统上添加专门的软件）来局部弥补系统的缺陷。

特别需要注意的是，人力资源管理决策所需的数据并不总是以数字形式存在，例如，经理对下属的评价往往是基于日常互动形成的主观印象，包括敬业度、团队合作、创造力、学习能力等。除非这些主观印象被及时录入数据

系统，否则无法转化为算法能够处理的数据。因此，只有
当更多的定性数据被数字化并整合到系统中时，薪酬算法
才能更全面地反映员工绩效和潜力，从而提供更精准的薪
酬管理建议。使用算法辅助薪酬管理的前景是值得期待
的，但实施的道路是曲折的。下面我们将讨论数智化薪酬
管理的一些要点。

2.2.2 外部公平和内部公平

无论是否进行数智化转型，薪酬管理都需要兼顾内部
和外部公平以实现组织目标。内部公平是指建立一个公平
的规则来界定组织内各项工作和产出的相对价值，而外部
公平则涉及与外部劳动力市场或竞争力相关的薪酬对标。
长期的薪酬研究表明，员工对"公平"的看法会直接影响
他们的工作态度和行为。

不同工种和工作的差异体现在知识、技能、能力和责
任要求等方面。通常情况下，实现内部公平需要设计一个
公平的流程来采集有关工作或人员的信息，确定完成某项
工作所需的知识、技能、能力和其他相关特征，以进行工
作分析和职位描述，然后根据工作或技能需求对不同部
门、工种或工作的价值进行分级排序。这一整套评估过程
支撑了组织为不同职位或技能支付不同报酬的理由。

目前，这套评估体系中比较结构化的部分已经可以通

过算法来辅助完成。例如，薪酬产品 Gradar[①] 可以使用人工智能来进行工作分析，创建工作描述，然后根据薪酬因素、技能组合或竞争力对每项工作进行评估。在与市场数据对标方面，薪酬软件公司 OpenComp 自 2021 年起提供了一种算法，可以将基准职位与薪酬调查职位名称进行匹配，据称准确率高于 90%。

使用算法进行薪资和职位匹配的难点在于薪资调查数据分散在不同的外部平台和咨询企业中，而且数据的结构和统计口径也不一致。随着数据转换和集成技术的发展，薪酬软件在提升内部和外部公平性方面可能会起到更大的作用。

尽管未来人工智能工具能辅助匹配职位和薪酬调研信息，但仍需要富有经验的薪酬专家来评估内外部数据的质量，这包括薪酬调查设计的严谨性、基准职位匹配的准确性、调研样本的代表性，以及对标市场的选择等因素。由于当前数据整合和分析能力有限，企业需要特别关注对外部市场对标数据的把关，否则可能会严重误导薪酬决策。

企业面临的常见挑战是过于关注外部公平而忽略内部公平。算法非常依赖于它们可以触达的数据，例如，企业

---

① Gradar 是一款软件解决方案，可为组织自动生成职位描述，基于职位的打分点进行职位评估和基于职位的薪酬建议。目前该产品能够与 SAP 系统集成。

内部具有高信效度的工作绩效和技能评估数据，而这恰恰是很多企业所缺乏的：美国 World at Work 的一项调查报告称，约 2/3 的受访公司在设计薪酬的时候并没有使用职位或技能评估[①]，这意味着与招聘和选拔相比，企业层面进行薪酬分析的相关数据无论在数量或者质量上都是不足的。此外，专业网站（如 Salary.com、Glassdoor）和网络搜索功能使得企业管理者更容易获取市场薪酬信息，员工也会倾向于将自己的薪酬与竞争对手企业类似的职位薪酬进行比较，这些都可能使企业和人力资源部门过于关注薪酬的外部公平性，而忽略了薪酬体系的内部公平性和有效性。

　　管理薪酬的内部和外部公平性面临的更复杂的挑战是在内部和外部均衡被打破时如何协调。以薪酬倒挂为例，导致薪酬倒挂的原因有很多。例如，公司整体薪酬系统过时，多年没有更新，未能反映当前的市场薪酬水平，导致新招聘的工程师起薪高于已经在公司工作多年的资深工程师。再比如，IT 部门的某些职位由于技术快速迭代，现有的职位描述和薪酬标准已经不再适用，新招聘的程序员因

---

　　① WORLD AT WORK. 2024 - 2025 Salary Budget Survey［EB/OL］.（2024 - 07 - 15）［2024 - 08 - 11］. https://worldatwork. org/resources/research/salary-budget-survey.

具备最新技术而获得更高薪酬，而老员工的薪酬没有相应调整。还有些公司在高薪地区新设立了办公室，新招聘员工的薪酬必须符合当地市场水平，而公司其他地区的员工薪酬未调整，也没有沟通，导致同岗不同薪的矛盾和误解。所有这些问题目前都需要人类专家进行判断、归因和干预，人工智能尚无法进行自动调适。但是，未来通过数智化转型，人工智能系统可以整合和对比数据，算法可以及时识别和警示哪些个体的薪酬过低、过高或者何时会失衡，加上专家的判断和归因并采取及时的调整策略，薪酬倒挂的现象就会大大减少。

2.2.3　薪酬预算

一般来说，业界常用两种方法来管理薪酬预算。其一是根据劳动力市场平均增长率、外部竞争压力、企业营收状况、支付能力和生活成本等因素综合分析，并估算出总体加薪计划。然后，根据个人绩效差异，薪酬专员依照绩效加薪的表格进行具体的加薪操作。采用这种自上而下的薪酬规划方式时，人力资源部门的控制权比业务主管更大。其二是放权给业务主管，让他们预测未来一年的加薪幅度，以留住和激励关键员工。然后人力资源部将这些数据汇总起来，形成组织的总体薪酬预算。这种自下而上的方式为直线经理分配了更多的控制权和灵活性。这两种方式没有绝对的优劣，其有效性取决于是否契合企业的组织和业务特点。

薪酬预算中很重要的一部分是基于市场薪酬水平和员工绩效数据调整薪酬。大多数大型管理信息系统中的人力资源管理模块都具备基于个人绩效加薪的功能，涵盖的相关变量包括员工人数、当前薪酬水平、薪酬结构、薪酬历史、薪酬调查信息和绩效历史等。这些数据由企业维护和更新，反映岗职变化等信息。这种多变量、具有明确应用规则的场景非常适合人工智能来优化。然而，目前普遍的挑战在于如何整合和更新这些跨不同领域的数据。许多企业甚至还在手动更新薪酬表格，限制了薪酬管理的效率和准确性。

2.2.4　薪酬决策

组织的管理效率经常与组织中信息的对称性密切相关。假设企业中的每位员工，从管理层到普通职员，都配备了一个智能助手。这个助手能够精确地追踪每位员工在各个项目中的表现，并据此自动调整薪酬，因此薪酬专员就无须手动查阅文件或电子表格，而是通过智能搜索引擎来进行信息查询和匹配。人工智能辅助的薪酬系统不仅能迅速整理和分析海量数据，还能够像水龙头一样提供实时的信息：不论是管理者还是普通员工，输入查询需求后，都能根据他们的权限和需求获取即时的薪酬信息。理想状态下，如果查询者对输出结果有进一步的问题，系统还能根据企业薪酬导向和薪酬结构给出相应的解释。

达成这个愿景的第一步是明确企业层面的薪酬理念和导向，第二步是在现实的业务运营基础上构建一个跨越孤立系统、承载业务数据的"数字孪生"体系，并在这个数字化体系中汇聚、连接和分析数据，进行描述、诊断和预测，最终辅助和引导薪酬管理的策略和实操。我们在本书中多次强调了数智化转型的基础是数据，提倡从"数据数量""数据质量""数据存储的易提取性"和"数据的可使用性"四个方面不断优化。而在这里，我们希望强调的是薪酬管理的"上层建筑"——**薪酬理念**的作用。

以奈飞（Netflix）为例，奈飞是一家全球领先的流媒体娱乐服务提供商，成立于 1997 年，总部位于美国加利福尼亚州的洛斯盖图。起初，奈飞以在线 DVD 租赁业务起步，但在 2007 年转型为流媒体服务，并迅速在全球范围内扩展其用户基础。目前，奈飞已经从一个小型的 DVD 租赁公司发展成为全球最大的流媒体娱乐服务提供商，通过不断创新和优质内容赢得了全球数亿用户的青睐。奈飞的组织文化强调自由与责任、透明和坦诚地沟通，以及不断学习和创新；其人才策略聚焦高绩效文化、招聘和保留顶尖人才，以及市场领先的薪酬。

　　奈飞采用了与其文化和人才策略相匹配的薪酬实践。奈飞的薪酬理念非常明确，即为员工提供市场最高薪资。奈飞薪酬策略的独特之处在于它不使用级别系统和薪资区间来确定特定角色的市场公允价值。奈飞会根据员工所在岗位的市场最高水平来支付薪酬。这意味着他们使用市场数据来确定该技能集的最高薪资，并向候选人提供顶薪。通常情况下，他们每年校准一次。采用这种方法，一个员工的薪酬可能会迅速攀升，而另一个拥有相似技能组合的员工的薪酬可能保持不变，薪酬由劳动力市场决定。在具体操作中，奈飞使用数智技术跟踪和更新市场数据，确保薪酬信息的及时准确，并能够快速做出与企业战略一致的薪酬调整。

　　"透明度"和"自主性"的理念始终贯彻在奈飞的薪酬实践中。大多数公司将接听外部招聘人员的电话视为背叛，而奈飞的管理者们鼓励员工了解和交流竞争对手的薪酬信息。他们薪酬策略的另一个有趣的方面是允许员工选择其薪酬中有多少以现金支付，多少以股票期权支付。奈飞认为，员工对各种薪酬组成的风险和回报有充分的了解和自主权，因此，允许个人根据自己的需求和对风险的接受度来做决定。此外，业界常用的期权"金手铐"在这里也不适用，10 年期股票期权是完全归属的，即使员工离开奈飞也能保留这些期权①。

目前并没有关于奈飞在薪酬管理中使用人工智能等技术的详细报道，但这家公司强调信息透明的薪酬理念与数智化转型非常相关。在大多数公司，使用技术管理薪酬是迟早会发生的。数智技术能够通过各种渠道实时捕捉员工对薪酬体系的看法，评估员工的满意度和薪酬的竞争力等，这些举措的目的都是让信息更加对称。当一个企业的薪酬理念和文化推崇"坦诚"和"透明"时，这些数智技术会让企业如虎添翼。技术是实现理念的工具，而薪酬理念和文化才是最终决定竞争力的关键。

另一个具有代表性的案例是 IBM 以真实工作技能和绩效为导向的薪酬决策系统。IBM 看重市场上稀缺且有价值的技能以及员工实际的绩效。为了让这个理念落地，IBM 构建了一个动态的薪酬系统，该系统不仅跟踪员工的实时工作表现，而且还能对员工的工作技能进行深度分析。IBM 并没有仅仅利用某一时间点的员工绩效结果来付薪，也不为员工既有的学历水平和工作经验付薪，而是致力于

---

① LARCKER D F, TAYAN B, McCall A L. Equity on demand: the Netflix approach to compensation [EB/OL]. (2010 - 03 - 05)[2024 - 08 - 21]. https://www.gsb.stanford.edu/faculty-research/case-studies/equity-demand-netflix-approach-compensation.

通过数智系统追踪员工的实时工作反馈来评估员工的绩效，并更精准地将员工薪酬与其真实工作技能匹配起来。

这些举措都清晰地指向 IBM 的付薪理念：聚焦于员工的实际工作技能以及在劳动力市场的价值。清晰的付薪理念不但能帮助员工理解公司的政策，还能牵引他们学习市场上稀缺和有竞争力的技能。IBM 的高层还指出，要授权给管理者，厘清权责边界，让管理者们清楚在何种情况下可以借助数据的帮助做出薪酬决策。这些举措不仅提高了薪酬决策的效率，还在一定程度上减少了管理者和员工间关于薪酬决策的摩擦。IBM 的统计数据表明，采用这些举措后，与薪酬相关的冲突减少了 50%[①]。

2.2.5　人工智能如何影响与员工的薪酬沟通?

大量实证研究表明，有效的管理沟通可以增进员工对组织的忠诚度，降低员工的离职倾向，并提升组织的绩效[②]。薪酬沟通指雇主如何向员工解释和传达薪酬相关信息，包括薪酬结构、薪酬水平和支付方式等，是管理沟通

---

①　GUENOLE N, FEINZIG S. The business case for AI in HR: with insights and tips on getting started [EB/OL]. (2018 - 11 - 01) [2024 - 08 - 22]. https://forms. workday. com/content/dam/web/en-us/documents/case-studies/ibm-business-case-ai-in-hr. pdf.

②　NEVES P, EISENBERGER R. Management communication and employee performance: the contribution of perceived organizational support [J]. Human Performance, 2012,25(5):452 - 464.

的重要组成部分。有效的薪酬沟通可以增强员工的感知公平和满意度，提升激励的效果①，进而正向影响组织绩效和氛围②。

但是，薪酬沟通经常成为薪酬管理中最弱的环节。很多管理者们不愿意或者不会进行薪酬沟通，有些时候是因为管理者们没有理解薪酬沟通的重要作用，有些时候是缺乏合适的培训和方法。很多管理者习惯于利用信息不对称和薪酬保密政策进行管理。但是，在数智时代，有很多外部资源（如 salary. com、O'net 和 Monster. com 等）可供员工查询市场薪酬信息。同时，越来越多的员工会在各种社交媒体分享他们的职场体验，包括薪酬和福利。这些因素不同程度地增加了薪酬透明度，也给雇主带来了更多薪酬沟通的挑战。

面对挑战，企业可以选择多种对策，包括增强在收集薪酬信息和数据分析方面的能力，制定政策减少薪酬决策中的偏见（如基于性别或年龄等因素的薪酬歧视），增加薪酬的透明度等。此外，工作评估、薪酬调查和绩效薪酬

---

① DAY N E. Perceived pay communication, justice and pay satisfaction [J]. Employee Relations, 2011, 33(5):476 – 497.

② MABASO C M, DLAMINI B I. Impact of compensation and benefits on job satisfaction [J]. Research Journal of Business Management, 2017, 11(2):80 – 90.

指南图表（guide chart）[①] 等管理工具都可以用来增强员工的感知公平。最重要的是，企业要重视薪酬沟通，在薪酬管理过程中使用这些工具，同时增强与员工在薪酬和绩效方面的日常沟通。否则，即便"钱给到位了"，员工却没有接收到相应的激励信号，或者感到缺乏公平感，使得薪酬的作用大打折扣。

人工智能技术在辅助薪酬沟通方面有很大的潜力。这些技术可以即时地抓取、梳理和分析薪酬数据、内外部劳动力市场数据和员工绩效数据，给管理者和员工提供更准确的薪酬信息，助力管理者们及时调整薪酬策略；同时，也能让员工获得更及时的薪酬分析和沟通，帮助他们更好地理解企业的薪酬策略。例如，Trusaic PayParity 推出的薪酬公平软件，可以通过统计分析对员工的薪酬结构进行审核，识别可能的薪酬歧视问题。进一步看，当我们拥有足够多的跨地区和跨职位的数据后，还可以运用数智技术搜索工作内容、员工技能分布、区域薪酬信息等，并让算法生成适合公司薪酬策略的薪资解决方案。具体看，算法

[①] Hay Group 公司开发的工作评价方法"Hay System"的一部分，该系统最初开发的目的是为人力资源领导者提供结构化和数据驱动的方法，从执行工作所需的知识、解决问题所需的技能类型，以及分配的职责或责任三个维度和每个维度下具体的指标，来确定组织中不同工作的相对价值，从而确定支付多少报酬。

在薪酬沟通方面有望起到以下几方面作用：

第一，提升薪酬设计和沟通的整体感。目前，企业在设计薪酬体系时，更加强调激励的精准性，因此，考虑的因素和变量越来越多，致使薪酬体系越来越复杂。这种复杂性常常会导致员工对于薪酬体系的误解，并降低员工对薪酬体系的感知公平和满意度。而管理者也往往只能窥见局部信息，无法从整体框架上向员工解释公司的薪酬导向。

使用数智化工具可以从整体结构上帮助管理者和员工理解薪酬策略，包括追踪其薪酬预算的实施情况、内外部薪酬对标等。数智人力资源客服可以基于数据，帮助员工从市场、岗位、团队绩效和个体绩效等多个方面理解薪酬体系，而非仅仅告诉他们一个数字或 Excel 表格里的某几个格子。当员工看到整体架构的时候，也能够理解自己在整个企业价值网络中的位置和价值点，把自己的工作与企业整体的价值体系连接起来。长期的战略人力资源研究显示，为了将公司的战略目标转化为切实的结果，员工不仅需要了解组织的战略，还需要准确地理解哪些行为可以实现组织战略，以及该战略的成功又将如何通过增加工作福利、提供晋升和加薪而使员工个人受益。当员工能够将自己的工作价值与企业的价值关联起来时，就会产生更多的责任感和动力①。

第二，企业的薪酬决策经常会引发员工的质疑，因为除了一些能够完全计件和量化的岗位之外，大多数岗位的薪酬都依赖于岗位价值评估和管理者对于员工的绩效评估，而这两类决策都融入了很多的主观判断和不对称的信息，往往会造成不同员工承担相似的工作，却获得不同水平的薪酬，或者不同岗位的员工认为自己与别人付出同样的努力，但是薪酬差距悬殊。这不可避免地带来了员工对于公平性的质疑甚至内部矛盾，从而弱化了员工的激励。

员工对薪酬体系的信任程度通常来源于薪酬体系的透明度和可预测性。数智化工具辅助薪酬决策和沟通可以让员工了解薪酬体系中各个元素的组成以及变化规律，从而让薪酬决策的过程变得更为透明和可预测。人工智能系统还可以像客户服务系统那样搜索信息，与员工进行"24×7"的互动，及时回答员工对于薪酬体系的问题，例如，为员工讲解他们的个人薪酬是如何被确定的，以及如果希望提升自己的薪酬，员工应当在哪些方面付出努力。与之相比，传统的管理者在有限的时间和信息下做出的决策和沟通效果往往不能完全满足员工的期望。在这种情况下，

---

① BOSWELL W R, BINGHAM J B, COLVIN A J S. Aligning employees through "line of sight" [J]. Business Horizons, 2006, 49(6): 499-509.

算法和人机互动的介入提升了薪酬决策的质量，并且打造了一个员工满意度更高的工作环境。当然，实现这个效果的前提是企业的薪酬理念明晰，管理层希望薪酬信息更加透明和可预测，以及不断投入算法的优化迭代。

第三，在需要做薪酬变革时，算法还可以帮助管理者准确地找到变革的驱动因素和关键变革点。例如，调整薪酬差距是薪酬变革的一个常见需求，不合理的薪酬差异会大幅度地降低员工对薪酬体系的满意度以及薪酬体系的作用。单凭管理者的经验和能力很难系统地分析薪酬差异的成因和变化点，而算法可以辅助识别导致薪酬差距的驱动要因，判断这些差距点是否合理或符合变革后的薪酬理念，并对这些成因进行调整和测算。算法通过消除不合理的薪酬差异，以及确认与绩效相关的薪酬差异，提升薪酬与员工绩效的相关性，更大程度地实现薪酬体系的分层和激励作用，达成不同员工面向组织战略的合力，同时提升员工对薪酬体系的满意度和感知公平。

第四，传统的薪酬满意度评估通常通过对员工的问卷调查来实现。由于样本和环境等因素，通过员工问卷调查的结果可能会失于片面，甚至会存在较大的误差。在传统的问卷法之上辅以数智技术的介入，可以更准确地捕捉到员工对于薪酬的反馈和评价。例如，使用情感智能系统

（emotional intelligence systems）的薪酬沟通系统能够在与员工交互的过程中解读人的表情、语调和肢体语言，进而获得比问卷分析更为丰富的评估结果①。此外，并不是所有的薪酬决策都是正面积极的，负面的薪酬决策（如降薪、裁员）通常会给员工带来一些不良的情绪反应。很多身兼数职而疲于奔命的中层和基层的管理者们并没有接受过如何进行负面沟通的培训，而且他们时常由于忙碌或在能力和性格上的差距，很难对员工进行个性化的沟通和共情。在这种情况下使用情感智能系统辅助，可以通过个性化的沟通及时缓解员工的不良情绪，并记录和提醒管理者。这些情绪和情感的记录、管理和互动是传统问卷调查所不能及时实现的，也是管理者需要及时了解的信息。同样的辅助功能也可用于员工与管理者之间进行的薪酬谈判等复杂沟通。

2.2.6　薪酬管理的"变"与"不变"

综上所述，面向未来的薪酬管理会有很多变化，但不变的还是薪酬策略要匹配业务战略。薪酬策略需要面对的核心问题依然是：

---

① FU Y, LEONG H V, NGAI G, et al. Physiological mouse: toward an emotion-aware mouse [J]. Universal Access in the Information Society, 2017, 16: 365 - 379.

- 薪酬管理如何既支持业务战略，又与组织文化保持一致，还要符合监管的要求？

- 企业运用了哪些要素和标准来评估不同职位和工作的价值？不同类型的工作职责和技能差异在薪酬上如何体现？

- 企业使用了何种形式的薪酬组合（基本薪酬、激励薪酬、期股权和福利薪酬）？面对不同类型的员工群体，薪酬组合是如何变化的？实施的效果如何？

- 相对于外部市场，企业的"全薪酬"竞争力如何？有没有反馈和洞察机制？

- 具体到不同的员工群体，加薪的决定因素（如个人绩效、团队绩效、组织绩效、员工技能水平、生活成本变化等）是什么？这些因素如何组合与变化？

- 面向员工薪酬的沟通如何进行？组织为管理者和员工提供了哪些薪酬沟通的工具、方法和培训？有没有针对员工薪酬沟通的反馈和管理机制？

无论技术如何发展，企业高层管理者都需要从战略层面回答以上这些问题，并由人力资源管理者和业务主管落实到薪酬管理和激励体系的方方面面。目前，我们并没有看到薪酬体系全自动化的端倪，相反，我们比以往任何时候都更需要战略、薪酬和数据分析的专家们，需要他们基于丰富的理论和实践经验，做出符合公司战略和组织文化的决策。我们还需要这些专家来评估算法、共创模型、解释结果。这项工作需要深刻了解公司所处的行业特点、业务需求和外部劳动力市场的情况，同时具备宝贵的企业内部知识，以便评估岗职体系和等级排序等。数智化转型过程中最具有含金量的薪酬工作是根据特定战略和组织管理背景，拆解和重构相关的薪酬要素。这项工作不仅需要组织管理和薪酬方面的专业知识，还需要具有创造性思维和敏锐的判断力，熟悉如何协调不同部门之间的利益和矛盾。这些能力和素质很难被算法所替代。因此，只会根据岗位评估进行薪酬设计的初级薪酬分析师将会逐渐被算法替代，而高级薪酬专家则会发现他们的工作依旧在很长一段时间内具有很高的含金量和挑战性。

2.3　数智驱动的绩效管理变革

2.3.1　当绩效管理遇到人工智能

有效的绩效管理是提高组织及其员工绩效的关键，它依托于几个核心原则。首先，要确保员工的个人目标与组织的战略目标一致，这要求绩效管理过程中存在持续的沟通，以便于及时解决问题并促进员工发展。其次，评估过程应公正透明，结合定量和定性指标可以全面评估员工表现，同时平衡对结果和行为的考量，以滋养正确的价值观和企业文化。再次，关注员工的反馈和员工的个人发展，鼓励员工参与绩效优化可以显著提升员工的敬业度和责任感。最后，绩效管理体系应该保持一定程度的灵活性，以适应不断变化的环境。这些原则共同作用，形成了一个有效的绩效管理系统。无论是否使用数智技术，这些绩效管理的原则都不会改变。

与招聘和甄选相似，在绩效管理子模块中运用人工智能技术的益处是提升效率。人工智能可以承担起绩效管理中标准化、重复耗时的操作类工作，如数据收集和处理。此外，人工智能通过数据和分析，在降低偏见和减少人为错误方面可以给管理者提供支持和建议，从而提升决策的质量和速度。提效可以让直线经理在绩效管理活动中节省大量时间，从而更多地专注于为员工赋能和支持团队发展。管理者还可以根据人工智能的提示，关注员工的情绪和行为，及时发现问题并进行干预。

更重要的是，数智技术的应用可以把绩效管理变得更加有连续性，并增加反馈的频率。多年前，Adobe 等企业在绩效管理方面的案例①表明，绩效管理不是年底的一次性讨论，而是一场持续的、数据驱动的对话。越来越多的公司认识到，绩效管理需要更多持续的接触点，更多的实时反馈，特别是对于员工发展的建设性的反馈。大多数经理被日常工作所牵绊，没有花时间提供反馈，这往往会降低员工的敬业度并妨碍其绩效改进。如果使用得当，算法驱动的绩效管理体系可以更有效地推动管理者与员工的绩效沟通。目前，谷歌（Google）、爱彼迎（Airbnb）、Electronic Arts 和特斯拉（Tesla）等企业都在尝试算法和聊天机器人等数智技术驱动的实时反馈和人员绩效分析。假以时日，如图 2-3 所示的绩效管理流程会进入更多企业的管理体系中。

　　数智化工具在绩效管理领域的应用也会受到数据质量和算法偏差的影响。首先，数据虽然是客观的，但并不是中立无偏的。在人力资源管理方面，数据主要来源于企业以往的甄选、晋升、绩效和薪酬决策，并受到各个企业有差异性的人才管理理念和实践的影响。因此，当我们使用算法辅助决策时，也应该意识到以往的数据误差可能降低

---

　　①　MORRIS D. Death to the performance review: how Adobe reinvented performance management and transformed its business [J]. World at Work Journal, 2016,25(2):25-34.

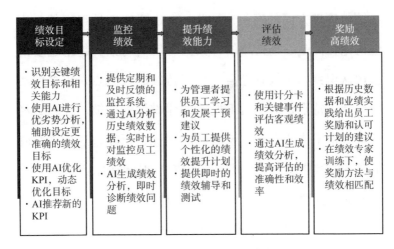

图2-3 数智化时代的绩效管理流程

资料来源：作者根据公开资料整理。

算法的效用。例如，在学历差异方面，如果某企业在绩效管理时有低估"低学历员工"（如非名校或者有大专学历的员工）绩效的倾向，那么对于低学历员工的绩效数据就会存在偏差。如果算法以这些有误差的历史数据作为基础进行分析，这个企业针对低学历的绩效误差也会一直延续下去，算法也会倾向于低估低学历员工的绩效。在这种情况下，即使我们使用非常精确的算法模型也很难得出高质量的决策结果，因为历史数据的质量问题造成了模型的决策偏差。

其次，除了一些成规模、信息化做得比较领先的企业之外，大多数中小企业并没有那么多数据量，面对"小数据"的局限性，中小企业的管理者们需要认识到，"完美"的绩效衡量标准并不存在，重要的是坚持测算和评估所使用模型的结果和变化。中小企业管理经验和数据不足，可以使用同行对标以及业界常用的衡量标准和模型，但也要适配企业自身的发展阶段和管理能力。这里我们推荐三个采集绩效数据的"窍门儿"，即便不具备大数据的条件，也适用于大多数企业提升数据质量：

（1）在最接近员工的努力能够控制的范围观察业务和财务绩效数据，可以最大限度地看到个人层面的微观行为和团队绩效如何影响业务单位和整个公司的绩效。

（2）从多个角度和时间段汇总信息。目前很多绩效管理的软件应用已经允许同事之间使用移动设备进行快速的实时评估。当这些数据积累到一定程度时，就可以用算法来解读和分析。

（3）联合使用主观和客观绩效评估。大多数企业都更在乎财务绩效和基于事先规划的量化指标，认为这些指标更"客观"。但是，我们总是需要用一些非标准化的主观评估来补充量化考核的不足，例如，员工是否适应公司的文化，是否具备晋升所需的领导力。很多时候，这样的评估是需要不同的利益相关者在一起讨论和碰撞的。强调主观和客观评估联动，也可以有效防止员工仅仅追求客观标准而牺牲价值观和一些不宜量化的行为。

2.3.2 优化和发掘绩效指标

目前数智技术在绩效管理领域初显成效的环节是优化关键绩效指标（Key Performance Indicators, KPI），其主要作用包括两个方面：①对于企业现有的绩效评估 KPI 进行纠偏；②帮助管理者探索新的 KPI。

KPI 是一种衡量工具，在传统的绩效管理中，KPI 常被用来量化地评估一个组织在不同层面上是否实现了其战略目标，例如一个公司的销售增长率、客户满意度或运营效率。当 KPI 被拆解到各个部门后，管理者也使用 KPI 衡量员工的工作质量以及目标的达成情况，同时，员工的薪酬也跟他们实现这些 KPI 的程度有关：如果员工能够达到或超过这些目标，他们通常会得到更多的报酬。

一般而言，管理者根据企业外部市场趋势和内部经营状况，加上自己的经验和洞察力来制定业务规划，并设定与这些规划相符的 KPI。但是，管理者对于内外部的判断力是参差不齐的，并且受到很多"噪声"的影响。如果管理者设定的 KPI 与外部环境和组织内部的资源和能力不匹配，那么即使投入了高额的薪酬和激励，也不一定能给企业带来预期的效果。换句话说，公司想要通过薪酬激励员工达成高投资回报率，首先得确保设定的 KPI 是有效和恰当的。这样做可以防止公司资源的浪费，也能确保员工不会因为追求错误的目标而做无用功。在这方面，很多企业都交过不菲的学费。

为了应对日益复杂的绩效管理体系，一些企业正在尝试算法辅助的绩效管理。例如，谷歌曾发现某项主营业务投资回报率很不理想，为了找到回报率出现问题的原因，公司动用了机器学习来分析和识别驱动该业务绩效的主要影响因素。结果表明，团队之前制定的 KPI 与算法识别的 KPI 并不一致。经过进一步分析，管理团队认为，谷歌的这项数字运营业务可能是由于使用了不当的 KPI 而造成了较低的投资回报率。也就是说，并非团队在实现原有 KPI 上的努力或投入不够，而是他们所关注的目标本身出现了问题。于是，这个团队尝试使用算法辅助优化 KPI，并在 6 个月的试验期内实现了 30％的绩效提升[①]。由于谷歌是一个数字原生企业，这个案例也许对于那些非数字原生企业并没有太多借鉴意义，因为很多企业并不具备谷歌的数据整合和分析能力，但是这个例子可以表明算法对于决策纠偏和精准识别 KPI 可能具有的建设性意义。

---

① AVINASH KAUSHIK. The lean analytics cycle: metrics [EB/OL]. (2013 - 04 - 08) [2024 - 08 - 26]. https://www. kaushik. net/avinash/lean-analytics-cycle-metrics-hypothesis-experiment-act/.

算法还可以辅助人类比较和验证不同的 KPI，看看哪些 KPI 对于组织是真正有价值的。丹麦的马士基航运公司是一家运输、航运和物流巨头，公司一线的管理者面临一个关键决策：是将 KPI 定义为装卸货物的速度（以提高吞吐量），还是以确保货物能按计划时间表出发为主[①]？这两种 KPI 标准各有利弊。提高装卸速度以增加吞吐量意味着需要投入更多设备，从而增加成本。而专注于保持运输的时间规划，即使用现有设备，虽然节省了成本，但也限制了吞吐量。通常来说，管理者们会认为提高装卸速度以实现更大的吞吐量是更好的绩效指标。

但是真实情况是否如此？马士基的数字科学团队开发了人工智能模型来评估这两种绩效标准的效益。他们发现，追求更快的装卸速度通常会导致系统中其他运营要素的速度减慢，公司首席数字官霍利·兰德里（Holly Landry）带领团队进行分析，结果显示，追求某一环节的速度 KPI 在整体运输过程中并没有增效，而保证船只按时出发是更有效的绩效指标，使用这个 KPI 不仅减少了设备成本，还降低了整个供应链的总成本，单个码头所节约的成本就可达数百万美元。此后，马士基的管理者们使用算

---

① KIRON D, SCHRAGE M, CANDELON F, et al. Strategic alignment with AI and smart KPIs [J]. MIT Sloan Management Review, 2023, 65(1):1-6.

法来识别和优化其全球 65 个基地的港口、运输和仓库的效率，并重新定义了吞吐量和生产力的衡量标准。在算法的帮助下，马士基确定了更合适的 KPI，这不仅提高了内部运营的效率和协调性，还提高了客户对可靠交付的满意度。

麻省理工学院的一项研究[①]表明，结合高管的战略意图和数智分析预测，可以开发出动态的、更具预测性的 KPI。例如，很多企业都有庞大的营销费用，但是其有效性又很难预估。GE 医疗使用数智驱动的方法开发更具预测性的 KPI，以优化其在市场营销方面的投资回报。一位通用高管表示："我们运用算法从数据中挖掘、推导和提取 KPI，而不是事前主观设定 KPI，这种方法帮助我们提高了营销的投入产出和对业务的影响力。"

以上例子都促使我们用更加开放的思路看待如何选择和探索 KPI，并反思仅仅依靠以往的管理经验制定 KPI 的局限性。人天生对改变具有抵触情绪，因此，企业中长期传承下来并被输入系统的 KPI 经常会被管理者们视为"客观存在"的目标，很少被分析和质疑。事实上，像所有管理工具一样，使用 KPI 的效用也需要检验和追踪。随着影

---

　　① 　KIRON D. AI can change how you measure and how you manage [J]. MIT Sloan Management Review, 2022, 63(3):24 - 28.

响企业绩效的因素越来越复杂，即使业务部门在某些局部KPI上取得了高完成率，也不一定意味着对企业战略和总体成功有贡献，而且很多KPI之间天然就存在对立的关系。通过数智技术的帮助，管理者不仅能追踪KPI的完成情况，还能把KPI本身作为数据分析的对象，通过不断检测和优化，挖掘出更符合组织战略目标的KPI。这种做法还有助于启发企业管理者们不断刷新对"业务成功"和"组织成功"的判断，而非被"约定俗成"的绩效指标束缚住。施耐德电气创立了一个专门的算法部门，该部门的核心任务就是研究KPI。该部门不仅追踪现有的KPI完成度，也关注已有KPI本身的效用（例如KPI的投资回报敏感度）。为了保证公司所用的KPI能够引导公司未来的成功，他们会使用算法来分析已有KPI之间的关系，保证所选取的KPI与组织发展战略相一致，且这些KPI对组织的投资回报率是敏感的。每年年初，公司都会反思和讨论KPI，以确保公司不是用过时的指标来指导和管理业务。

随着企业越来越多地开始利用算法对KPI进行分析，很多公司不仅优化了KPI，还收获了一些在原来的管理思路上意想不到的有趣发现。例如，Wayfair是一家家具和室内装饰公司，他们用人工智能技术来分析业绩数据。他们一直认为，如果客户在他们的网站上没有完成某个订单，比如一张沙发，那就意味着公司的损失。但是，通过人工智能分析销售数据后，他们发现这种情况并不总是会造成损失。因为在大约一半的情况下，即使客户没买到原来想要的产品，他们也会在网站上选择类似的其他产品。这种新的发现改变了 Wayfair 对销售的看法。他们开始意识到，即使客户没有完成某个特定订单，也可能不会对公司的总体业绩造成影响，因为客户会选择其他类似或相关的产品。因此，Wayfair 调整了相关的 KPI，改变了配送中心的产品配置和定价策略。更有意思的是，这个发现促使 Wayfair 利用数智技术发展出一个"盈利意识框架"，这个框架能帮助他们更好地理解客户的需求。现在，他们在推荐家具时会考虑更多的因素及其权重，包括交付时间、运输成本、产品的盈利能力等。这样做不仅能帮助公司更准确地定价，也提升了客户的购物体验。Wayfair 通过数智技术重新定义了销售"损失"和"机会"，刷新了管理团队对于市场和客户的理解。

　　绩效考核目标很多时候被诟病为一个"后视镜"，因此，越来越多的企业希望通过算法改进传统 KPI，使之更具有即时性，甚至前瞻性。研究者们就此归纳出一系列问题来引领这方面的变革：什么是我们的业务价值？我们的指标是否全面抓住了业务价值的驱动因素？我们如何创建、评估和优化我们的指标？驱动业务价值的要素是否都反映在了 KPI 中？

首先，回答这些问题的起点还是市场趋势和客户需求。市场趋势和客户需求的变化提升了组织内部的管理复杂度，仅凭行业对标和高管专业知识常常难以确定最佳 KPI。目前有些拥有数据资源的企业在尝试使用大数据来帮助优化和寻找最适合的 KPI。Tokopedia[①] 是印尼最大的电商平台，其目标是帮助印度尼西亚的个人和企业主开设和管理自己的网上商店。由于其 1 400 万个商家中有86.5%是新创业者，商家的信誉和可靠性就成为平台关键的考量。Tokopedia 利用算法分析大数据来寻找那些与创业者的信誉和可靠性相关的信号，就此开发出新的 KPI 来衡量商家的质量和信誉。通过分析数百万条与商家产品质量相关的信息，并使用与商家质量相关的 KPI 来为每个商家打分，Tokopedia 不但能够更准确地评估和管理其商家网络，还促发了整个市场的质量意识。

其他企业是否也可以复制 Tokopedia 的成功经验？我们建议还是采用"以终为始"的方法，即先搞清楚自身的

---

① Tokopedia 于 2009 年成立，是印度尼西亚最大的 C2C 电商平台，也是印尼访问量最大的网站。

战略意图和定位。企业经常踩入的陷阱是使用最靠近财务绩效的 KPI，但是忽略了对于员工行为的关注。例如，某企业的业务是销售咨询报告，这个企业之前使用的指标是"客户转化率"，但是实施后效果不理想。负责销售的高管洞察到员工行为对于客户行为的影响，从而分析出一套促进员工关注客户的指标，包括"消费者意图""客户参与度"和"客户忠诚度"。自此，员工们关于销售绩效的对话就从"客户转化率是多少"转变为"客户多久回来一次？""他们回来时使用了哪些功能？""客户多久解锁一次咨询报告？""客户有什么反馈？"等。使用这套指标后，各层管理者和员工的关注点也逐渐从"交易导向"转变成"客户导向"。相较于那些只是在口头宣导"客户导向"但实际考核"交易导向"的企业，这无疑是一个可喜的进步。从这个案例中我们看到，无论是否有数智化基础，企业的战略意图和定位的重要性高于 KPI 本身。数智技术可以帮助我们分析和预测，但最终改变员工行为的，还是管理者的战略意图和贴近客户需求的决心。

其次，我们需要向员工和基层管理者们解释数智驱动的 KPI 与传统方式之间的异同。数智驱动的动态 KPI 和预测分析的运用并不是对过去的颠覆，而更像是一种改良。大家都很熟悉平衡计分卡的发明者罗伯特·卡普兰

（Robert Kaplan）和戴维·诺顿（David Norton）的方法论，平衡记分卡这个战略测量体系指引了诸多企业的绩效管理工作。事实上，这两位学者不仅倡导战略测量体系，也强调了不断更新这个体系的"双环学习①"（见图2-4），卡普兰和诺顿认为，"战略学习包括收集反馈、测试战略假设，并进行必要的调整，这是个反馈、测试与修改的过程"，无论是否使用数智技术，都需要管理者和员工一起通过不断思考，甚至挑战已有的战略假设，突破对于组织

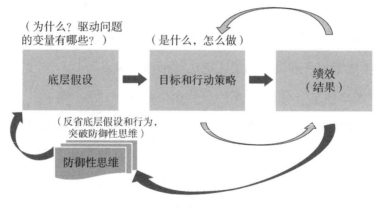

图 2-4　双环学习：战略假设与防御性思维

资料来源：CHRIS A. Teaching smart people how to learn [J]. Harvard Business Review, 1991, 69(3):99.

---

①　双环学习是克里斯·阿吉里斯（Chris Argyris）于 1991 年在《哈佛商业评论》的《教聪明人学会学习》一文中提出的。他提倡从对问题的本质开始反思，以开放的质疑与讨论作为过程，最后通过克服习惯性防卫（defensive reasoning）造成的认知障碍，从战略层面对现有问题进行反思，从而取得根本性改善。

不利的防御性思维和行为惯性，从而检测和纠正这些假设中不符合外部变化的部分，并最终通过调整 KPI 引导员工的行为。

以上内容都在表明一个趋势，即在复杂组织中，KPI 会逐渐演变成高管和数智体系的混合决策，其中，KPI 既由高管决定（事前），又从战略执行的分析中产生（事中和事后）。如果战略执行仅仅局限于预先设定的 KPI，可能会导致反应延迟和资源错配。当然，从预测分析产生的新 KPI 也需要与高管的战略意图结合后再落入组织体系。

2.3.3　引入智能 KPI 的影响

引入智能 KPI（算法驱动的 KPI）并不会取代人类管理者的角色，相反，我们认为，**管理者们的责任范围应该比之前更大**。在算法驱动、动态更新的 KPI 体系下，管理者并不是单纯执行给定的 KPI，而是需要做出更具有洞察力的决策，包括不断审视现有的战略假设是否变化，以及绩效测量系统是否需要动态更新。这个职责未来将会加入高管的职位描述中，并需要在甄选和培养高管时强调其洞察、分析和反思的能力，而非仅仅是执行力。对于传统企业来说，这意味着要对目前的组织和人才管理体系进行适应性的变化，具体需要：①甄选和培养高管和员工的反思、分析和洞察能力；②在组织职能的分析中配置分析

KPI 的工具和专业知识，以度量 KPI 是否能够跟上变化，以及重新评估 KPI 的效用；③设计相对应的组织流程，以协调不同的流程点，同时整合相关负责人的反馈，相应地调整 KPI 并管理员工行为；④确定实施这些管理动作的人和相关的权限、责任和激励。

引入智能 KPI 的另一个趋势是促进各层管理者加强与数据专家的合作。 未来组织的管理越来越需要跨领域的合作，而管理者和数字科学家们的合作是必然的趋势。管理者们需要逐步适应与数据专家们，如首席数据官、商业智能主管、分析师或数据科学家一起设计 KPI，判断哪些 KPI 需要更新。这些设计和适配 KPI 的工作需要被集成在工作流程中。例如，在某中型乳品公司，管理层希望将其高端乳制品配送业务扩展到一个新的区域。为此，团队引入了数智化分析专家，让他们和运营主管一起分析数据，并调整了预测模型，同时创造了新的动态 KPI。这些新的 KPI 不仅能更好地匹配新区域里配送车辆的运营，还能引导员工的服务行为。

在具体实施过程中，数智化分析专家通过对新区域市场需求、客户行为模式和物流路线的深入分析，优化了配送路线和车辆调度策略；同时，结合运营主管的实际操作经验，新的预测模型更加精确地预测了高峰时段的订单量和配送需求，确保了资源分配的高效性。

这些动态 KPI 的设计考虑了多个关键因素，包括订单准时率、客户满意度、车辆利用率和成本控制等。这些指标不仅反映了运营效率，还关注服务质量，确保在公司扩展配送业务的过程中客户体验不受影响。更重要的是，动态 KPI 能够实时反映市场变化和运营状况，使管理层能够快速调整策略，保持竞争优势。值得注意的是，这种管理思路强调的不是"如何测量"，而是"测量什么"，因为测量的内容反映了企业如何在竞争策略和组织行为之间达成一致。

此外，智能 KPI 还有增强部门之间协同和组织学习方面的潜力。在理想状况下，我们期待智能 KPI 能够帮助组织更有效地测量和提升其业务表现，同时，通过预测和优化 KPI 帮助企业及时调整业务假设和策略，甚至发掘出新的 KPI。我们认为，智能 KPI 还可以辅助管理者们平衡部门之间复杂的业务关系，例如，财经部门的目标可能是控制成本，而营销部门则可能致力于增加预算以改善产品和提升客户体验。我们常说，"位子决定脑袋"，就是在说不同部门有各自的工作重点和 KPI，而这些 KPI 之间难免产生矛盾。

传统的绩效管理方法很难同时处理这些部门间的矛盾，而算法则可能通过分析数据发现不同 KPI 间隐藏的关联，并调整那些有可能相互掣肘的 KPI。全球著名的烈酒公司保乐力加（Pernod Ricard）用算法分析其两个主要 KPI——"利润率"和"市场份额"之间的联系。以往这两个 KPI 是分开考虑的，现在公司借助算法的分析能力，尝试同时优化这两个 KPI，实现它们之间的协同作用。保乐力加的首席数字官说："我们想知道如何在有限的投资下，同时最大化这两个维度的 KPI。算法能帮助我们更好地发掘不同部门之间具有共性的目标，整合资源，以有限的投资同时优化利润率和市场份额。"另一个例子是新加坡星展银行（DBS bank）的"全程管理"。和很多企业一样，星展银行运用平衡计分卡进行管理，但是他们特别关注客户体验、员工体验、盈利能力和风险这四个 KPI 之间的关联和平衡。星展银行有很多跨职能小组，这些小组需要同时优化这四种类型的 KPI。星展银行首席分析官表示："每个客户的体验都有多个驱动要素，而每个驱动要素又需要通过多个 KPI 来衡量。之前人类员工和简单的信息化系统无法同时计算和优化如此多的驱动要素和 KPI。运用算法之后，我们能够分析大量驱动因素和指标，并根据算法的建议及时采取行动，提升客户体验。"

最后，我们想提醒管理者们，**KPI 的效用也需要用适当的 KPI 去衡量**。传统的绩效管理模式默认管理者制定的

KPI 在一定时期内是稳定有效的，但越来越多的实践与实证数据表明，KPI 的效用可能存在时效性和局限性。因此，一个明显的趋势是运用算法检测正在使用的 KPI 是否有效，检验 KPI 本身的效用甚至可能会成为未来绩效管理的重点工作之一。通过分析过去的数据来评估以后 KPI 在当前市场环境下的效用，追踪组织达成绩效目标的差距和挑战，然后根据市场和组织资源变化动态适配出更符合企业战略目标的新 KPI，这个循环将算法融入我们之前提到的双环学习，帮助我们反思固化的业务假设，并开拓和激发更多的可能性。

2.4　人才培养与领导力发展

2.4.1　提升现有人才的技能

在技术快速发展的背景下，大多数企业为了推动转型，需要面向外部市场招聘数智化人才或外包一些项目，这通常也意味着用工成本和承包商费率的飙升。大多数组织的支付能力有限，很难与科技巨头竞争人才。因此，这些组织需要更加深思熟虑地进行人才部署，实施包括内部培养人才、组合适配人才，以及"租借"外部人才等"组合拳"。每一项举措都各有利弊，例如，内部培养人才具有成本优势，但是周期长，并且要前瞻技能需求；组合适配人才需要深刻理解组织内部的技能储备和各部门的人才供需情况；"租借"外部人才则需要面对交付质量、客户满意度和责任边界的挑战。一般来说，在人才管理领域，既要快速，又要价廉，还要容易获取，这三个需求不太可能同时满足。目前比较确定的趋势是大规模提升现有人才的技能。我们正在进入一个技术加速发展的时代，在很长一段时间，技能缺口将不可避免地存在，叠加上人口结构的变化，这项任务刻不容缓。

尽管技能再培训（培训员工掌握新技能）和技能提高培训（提高现有技能水平）已成为各种论坛和会议的热门话题，但我们在行动上的差距还很大。行业领先企业的行动会更迅速一些，它们或者使用内部培训资源进行培训，或者与外部机构合作，为员工提供学习机会。AT&T 与32 所大学和多个在线教育平台建立了广泛的合作关系，以帮助员工获得数字职位所需的新技能。而一些其他公司，包括德国软件巨头 SAP 和美国零售企业沃尔玛等，则选择了内部培训计划。沃尔玛在美国建立了 100 多个"学院"，为一线主管和经理提供数智化相关的课程和实践培训。SAP 为其数字商务部门的数千名员工构建了一系列"数字学习之旅"，其中包括训练营、资深同事指导、同伴辅导和在线学习等。从目前的业界经验看，与外部教育供应商合作对大多数公司来说可能更容易，因为一般企业内部没有那么多有经验的数智化转型培训专家。无论哪种情况，企业做这项工作的起点都是前瞻业务需求，然后对劳动力中已有的技能进行盘点，识别出技能差距和培训需求，并进行相应的培训规划。特别值得企业注意的是，**数智化转型不仅需要数智化能力，更需要"软"技能**。麦肯锡的研究表明，到 2030 年，对社交和情感技能的需求将增长约 1/4；另一个明显的趋势是，人类的工作优势正在向创造力、提问能力、思辨能力和复杂信息处理等高端认知能力方面转移①。这些都是企业在部署技能提升时需要特别关注的。此外，人力资源部门的工作重心也将会有很多改变，特别是要着重于开发内部人才市场以及员工终身学习的平台。有些专家甚至指出，助力员工提升技能将是下个阶段人力资源部门最重要的工作。

2.4.2　数智技术赋能新型领导力

在数智时代，高层管理者们也需要支持和帮助。其中一个领导力发展方向是引入算法赋能的领导力科学

---

① BUGHIN J. Preparing for the coming skill shifts [EB/OL]. (2018 - 11 - 01)〔2023 - 12 - 21〕. https://sloanreview.mit.edu/article/preparing-for-the-coming-skill-shifts/.

(computational leadership science, CLS)。算法赋能的领导力科学是计算社会科学（数据科学与社会科学相结合）的一个细分领域，旨在通过使用模拟、网络分析、人工智能和其他计算方法提高管理者的领导力。这门学科将融合已有的领导力研究、计算科学方面的进展和管理实践，旨在帮助企业和管理者优化决策和资源配置，并提升管理者的洞察力和预测能力。目前 CLS 已经开始应用于市场营销、供应链和战略决策等领域，例如，奈飞通过分析观众的观影体验大数据，结合管理者和专家多年的经验来开发新产品。

从企业实践看，领导力发展的一个可能的方向是从个人和小团体领导转型为"数智领导力团队"。数智领导力团队由企业高管、领导力专家以及数据和计算机科学家组成，这个组合的目的是使用人工智能等辅助技术提高管理团队的决策质量和速度，同时减少因个体的认知偏差造成的方向性错误。例如，当领导者因为片面的信息输入或性格原因（如自恋）而做出可能导致严重后果的决策时，领导力专家和数据科学家可以根据数据分析和洞察提供建议。此外，新技术会给领导团队带来认知盲点、不熟悉的术语和工作流程变化等，这些都会给管理者带来焦虑和不适，影响其发挥全部潜能。在数智领导力团队的支撑下，可以减少这些不安全感，让管理者们专心投入领导组织转变和抓住商业机会的工作中。

IBM 近来在领导力测量和发展方面进行了一些系统的努力，例如，将领导力相关的心理测量和行为测量与管理者们对计算思维的偏好相结合，打造一个全球范围的数字化领导力评估平台；针对管理者和领导者梯队成员的技能、行为和个性，量身定制培训和微型自动化学习服务。初步结果表明，该平台可以评估和预测管理者在领导力方面的表现，并且成本比传统的面对面评估低得多。此外，IBM 还与摩根大通合作，尝试利用算法助力其领导者们在投资策略和风险分析等复杂的领域取得竞争优势[①]。

增强管理者们对于员工的洞察力也是领导力发展的重要组成部分，最近一项面向 1 500 位首席执行官的调查发现，员工士气是企业面临的最大挑战。引入数智工具后，领导者可以使用内嵌 NLP 的开放式调查问卷，更好地了解员工的意见和建议，并通过算法集成"集体智慧"。数智驱动的系统还能够让领导者们了解组织中正式和非正式的社交网络，及时发现员工和部门之间的沟通问题。这些用人工智能增强领导力的尝试，还只是"数智领导团队"

---

① SPISAK B. How data can make better managers [EB/OL]. (2022 - 03 - 02) [2023 - 12 - 21]. https://hbr.org/2022/03/how-data-can-make-better-managers.

的冰山一角，在人机结合的领导力和复杂决策方面，还有更多的前沿需要探索。

2.4.3 数智技术在员工个性化发展方面的应用

员工在工作过程中有很多学习活动，例如观摩、阅读、搜索和聆听等，但是这些学习活动经常与企业正式内训活动是脱节的。很多时候，人力资源部门既不了解员工已经拥有了哪些技能，也不知道他们希望向哪个方向努力。在不了解员工的学习行为和偏好的情况下，专家们对于培训需求的理解也不精准。因此，目前比较常见的做法是企业根据高管的授意设计培训内容，或者定期提供一些标准化的技能培训。员工或者无法享有适应性、个性化的学习体验，或者被反复培训相似的内容，这使得管理者们和员工对于培训的效果和满意度大打折扣。

根据 Globenewswire2023 年的测算，全球企业培训市场规模达到约 3 300 亿美元，并将以年复合增长率 8.5% 的速度增长。2023 年领英职场学习报告显示，41% 的企业培训负责人预测员工培训的预算将继续增加，34 岁以下的员工中，超过 2/3 选择了将"该公司内的发展机会"以及"学习和发展新技能的机会"视为最重要的求职动机。

在人工智能和员工培训的交叉领域中，目前最突出的交集是通过数智技术实现个性化学习体验，让每个人通过独特的学习路径，最大化学习成果。算法通过捕获每个学习者的进度、知识和技能基础、学习偏好等信息来个性化教学内容①。图 2-5 展示了个性化学习的过程。

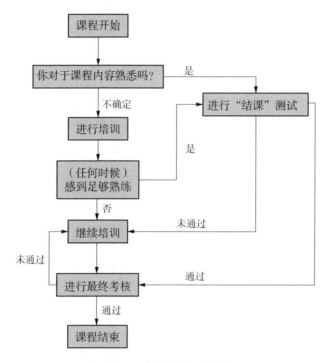

图 2-5　个性化学习的过程

资料来源：BUGHIN J. Preparing for the Coming Skill Shifts [EB/OL]. (2018-11-01) [2023-12-21]. https：//sloanreview. mit. edu/article/preparing-for-the-coming-skill-shifts/.

---

①　BUGHIN J. Preparing for the Coming Skill Shifts [EB/OL]. (2018-11-01) [2023-12-21]. https://sloanreview. mit. edu/article/preparing-for-the-coming-skill-shifts/.

基于图 2-5 的展示，我们可以看到，参加"个性化培训"的学员在培训开始后，通过参加有针对性的"测试"，展示他们对于培训内容的掌握程度。只要对课程内容熟悉，他们可以选择立即参加结课考试，避免浪费时间重复学习。如果学习者对于课程内容掌握得不够好，可以复习并反复参加测试，直到可以通过考试。学习者既不会被迫耐着性子接受对他们无益的培训，也不会因为跟不上整个班级的节奏而沮丧。从激励和转化的角度看，当学习者对于自己的培训有一定的掌控，甚至可以"定制"自己的培训计划时，学习动力和转化效果都会更好。

从实操层面看，**提升培训效果最有效的步骤是学习分析**（learning analysis）。学习分析包括但不限于：分析企业战略和业务需求、学习者的学习需求、学习期间的表现和学习后的转化效果。与大多数管理领域的数据分析类似，在学习分析方面，主要遇到的挑战是缺乏分析和训练算法所需的数据，以及跨系统访问和集成数据。同时，人力资源团队中培训专家普遍缺乏数智化知识和技能，使得数智应用与优化难以落地。

触发行动的第一步通常是自我诊断。为了让企业能够更好地启动学习和发展模块的数智化变革，及时发现和缩

小差距，我们在下面列出了一些自我诊断问题供大家
参考。

> • 公司目前的战略和愿景是什么？需要组织和员
> 工具备哪些关键能力？员工学习和发展要向哪些方面
> 努力？
>
> • 使用人工智能和自动化等数智技术是企业人力
> 资源战略议程中的一部分吗？
>
> • 启动员工培训计划的决策过程是怎样的（例如，
> 由谁决定何时开发新的培训，以及包括哪些内容等）？
> 有哪些改进空间？
>
> • 培训部门通过何种渠道可以聆听到对于员工学
> 习与发展的意见、反馈和建议？哪个部门或个人在这
> 方面有比较多的信息和经验。
>
> • 企业目前如何创建和管理员工培训的内容？谁
> 来做学习分析？是否有人关注和策划员工个性化的学
> 习内容和适应性的学习体验？是否有一个 PDCA 的优
> 化闭环？
>
> • 目前企业在培训过程中已经使用了哪些数智技
> 术？这些技术目前的优缺点如何？企业近期规划采取
> 哪些新的技术和应用？如何与已有技术应用整合？

最后我们需要提醒企业高层关注的是，学习和发展领域最重要的挑战并不是技术挑战，而是**员工技能发展在数智化转型中的优先级比较低，经常面临预算和资源不足的问题**。此外，目前在员工培训方面主要衡量"完成率""通过率"和"满意度"等指标，缺乏强调员工个性化的学习和技能掌握、知识转化和持续学习等方面的测量。这意味着企业在学习设计和测量理念上需要做出重大转变。我们预测技术发展会推动员工的学习和发展真正走向"自我领导"，即每个员工在某种程度上都有责任发展和管理自己的个人学习旅程。

第 3 章

数智时代的
组织管理

　　组织设计和发展面临的挑战很多源于新的商业模式、运营流程变化和客户互动方式的变化。具体来看有以下几个要点：①外部竞争要求组织更加敏捷和灵活，以便快速响应市场变化和新兴趋势，这涉及采用流动性更强的组织结构，如扁平化管理、跨职能团队和基于项目的管理；②远程工作和虚拟团队的兴起带来了沟通、管控、团队协作，以及高绩效方面的挑战；③更多的数字工具、自动化和人工智能技术被集成到业务流程中，组织越来越依赖数据驱动的分析和决策，因此，企业需要加快搭建和更新数据管理系统；④技术发展要求员工持续学习和提升能力，组织则必须投资于培训，特别是培养员工的数智化素养和适应变革的能力。

　　为了回应这些挑战，本章我们聚焦数智时代在组织设计和工作设计方面的几个关键问题，包括分工、协作和人机互动背景下的组织设计。

　　业务战略决定组织的形态与规模，组织是实施战略的载体，人力资源部门为组织达成战略目标提供人员、激励和文化方面的保障，因此，战略、组织和人力资源三个要素组成了组织管理的基本体系。企业的战略落地需要通过职能分工将复杂的任务分解成可操作的单元，分工的目的是提升工作效率，而工作设计的关注点则落在个体工作任务的内容和组织方式上。从协同的角度看，组织设计是选择和组合各种岗位职责、工作流程和技术的协调方法[①]，这套方法需要确保组织的信息处理需求与其信息处理能力相匹配。组织设计的决策目前完全由人类做出，而未来很可能由人类和算法共同处理。这个转型的过程，既是思维和管理上的挑战，也是我们塑造未来职场的机会。一些高科技企业在分工和协作方面已经局部引入了数智化功能，但尚处于评估技术的投入与产出阶段。面向未来，人机互动与协同，数据驱动的组织资源配置等活动会愈来愈多地融入传统的组织设计中，这个趋势和转型是不可阻挡的。

在本章中，我们从人机互动的视角讨论组织设计和管理的几个关键问题，包括人机分工与协同、"数字员工"和"人工智能经理"，以及人机动态循环的组织体系。在本章的最后，我们将为人机互动的组织转型提供一些管理建议。

面对技术进一步融入职场的大趋势，人机之间的分工与角色成为人们关注的焦点，因为这涉及每个人对于

---

① COHEN L E. Jobs as gordian knots: a new perspective linking individuals, tasks, organizations, and institutions [J]. The Structuring of Work in Organizations, 2016, 47(1):25-59.

自己工作的定位与安全感：员工们担心自己会"失业"，管理者们也担心组织过于依赖人工智能等技术而伤害团队活力和创造力。因此，近年来管理学界兴起了"以人为本"的思潮，希望在运用技术提升组织效率的同时，帮助员工发展新能力，塑造一个人机互动、最终普惠于人的"新职场"①。

人机交互的组织设计经历了多个发展阶段。最初的工作重点在于探索哪些任务可以被自动化，特别是用机器替代人类去完成枯燥、肮脏和危险的工作。之后，该领域的专家们开始研究如何更好地利用人类的优势弥补机器的不足，并借助机器的学习能力减少人类的认知负荷，提升工作效率。目前的研究和实践重点是提升人机协作，打造可信与负责任的人工智能，落实混合智能系统，等等。这些工作不仅需要数据科学知识，更需要结合从业者和领域专家的场景经验来综合改善人工智能和自动化系统。例如，制造型企业可以通过反馈循环机制来整合机器制造商、供应商和操作员的知识和经验，以支持智能检测系统的持续升级。

在引入数智技术时，我们倡导"**社会性**"和"**跨层**

---

① CAPPELLI P. Can a robot be your boss? [EB/OL]. (2014 - 09 - 10)[2024 - 01 - 19]. https://knowledge. wharton. upenn. edu/article/can-robot-boss/.

次"两个关键词。组织不仅是一个任务体系，而且是一个由人构成的"小社会"。组织中种种"社会性"的特征，从愿景、价值观、企业文化、部门之间的协调和谈判，到员工和管理层之间的信任、员工的情绪、态度和行为，都是影响组织绩效的"社会性"要素。同时，人机互动的循环只是小循环，这个小循环需要加入更宏观的组织循环中。组织的循环是多层次的，从组织行为学的视角来看，**我们需要整合包括任务、职位、团队和组织多个层面的信息进行研究和分析**。这种跨层次研究的视角在社会科学和管理领域已经有了多年的积累，但是在管理实践中，由于各种原因一直缺乏整合。目前大部分关于人机交互的讨论和应用都落在微观的任务层面，缺乏对于组织体系中跨层次的考虑。

　　因此，本章尝试从不同层面讨论人—机器—组织循环之间的分工与协作①②，帮助管理者们开启数智化时代多层次的组织管理视野。

---

　　① DELLERMANN D, CALMA A, LIPUSCH N, et al. The future of human-AI collaboration: a taxonomy of design knowledge for hybrid intelligence systems [EB/OL]. (2021 - 05 - 07) [2024 - 01 - 08]. https://arxiv.org/abs/2105.03354.

　　② JARRAHI M H. Artificial intelligence and the future of work: human-AI symbiosis in organizational decision-making [J]. Business Horizons, 2018, 61(4): 577 - 586.

3.1 人工智能与人类在工作任务层面的分工与协作

3.1.1 人机分工与人机互动

大部分"有组织"的人类活动都有两个基本且相互矛盾的特点：一方面要把这些人类活动拆分成不同的任务；另一方面又要将各项任务协调整合起来，以便实现最终目标。从这个角度来说，我们可以将一个组织的结构简单地定义为：将工作拆分成若干不同的任务，再协调整合起来以实现工作目标的各种方法的总和①。经济学、管理学、社会学和心理学等各个领域都研讨过分工与协作的问题，但随着大数据和人工智能的加入，也许我们可以延展出更多分工和协作的可能性。例如，让人类和算法分工协作，共同管理组织，人工智能可以处理和快速分析大量数据，这些能力与人类在解释、评估和作出道德决策方面的经验和技能相结合，是否会绽放出更多的组织模式创新？

这个人机协同的美好前景是值得期盼的，但不积跬步，无以至千里。实现人机协同工作的第一步，通常是

① MARCH J G, Simon H A. Organizations [M]. New York: Wiley, 1958:42－47.

剖析人类与机器之间的分工，以及如何将人机各自的优势结合起来。我们可以从不同类型的任务分工开始着手。有些任务，比如数据识别与分析，人工智能目前已经具备了一定优势；而在评估求职者的诚信或进行复杂的道德判断时，人类的直觉、联想和经验则显得更为重要。通过对任务的精细分类，我们可以让人类和机器取长补短。

任务是组织设计的基本单元，因此，我们先从任务的层面来看人机协作。目前比较常见的任务场景都涉及决策，我们可以将任务决策的特点分成五类，并分别阐述人工智能和人类在这些任务方面的优劣。表 3-1 是一个比较直观的总结。

表 3-1　决策任务的特点和人机在不同任务上的优劣势对比

决策条件	人工智能决策	人类决策
决策搜索范围的特性	需要精确限定决策搜索范围	容纳模糊定义的决策搜索范围
决策过程和结果的可解释性	对于决策过程和结果的可解释性弱	决策过程和结果可解释性强，但易受主观回顾性的影响
可处理备选集合的大小	可容纳大型备选集合	不擅长评估大型的备选集合
决策速度	比较快，速度和准确性之间不需要太多取舍	相对比较缓慢，速度和准确性之间需要取舍

续　表

决策条件	人工智能决策	人类决策
决策过程和结果的可复制性	可复制性高	可复制性易受个体间和个体内因素差异的影响，如经验、注意力、环境和决策者的情绪状态等

资料来源：PURANAM P. Human-AI collaborative decision-making as an organization design problem [J]. Journal of Organization Design, 2021,10(2):75 - 80.

（1）决策搜索范围的特性：简单地说，就是人类可以"广而模糊"，而机器则需要"专而精准"。算法需要精确定义和限制决策搜索范围，通常适用于结构良好的决策目标。人类决策者可以处理不太结构化的目标，但难以通过目标函数明确描述。

（2）决策过程和结果的可解释性："可解释"的对立面，就是所谓的"黑箱"。算法，特别是基于深度神经网络的人工智能算法，通常是偏"黑箱"的模型，难以解释决策过程，这会影响人们对决策结果的信任程度。人类的决策可能存在主观的偏见，而当训练人工智能的假设和数据本身存在偏见时，人工智能的决策也是有偏见的。人类决策者对于其决策过程可以提供更多解释。

（3）可处理备选集合的大小：算法可以处理大量备选方案，而人类决策者可能无法一次性地处理大量替代方案，或者在处理大量数据时，容易做出错误选择。

（4）决策速度：算法决策几乎可以即时发生，但在时间压力下可能影响准确性。人类决策在快速环境下可能过于依赖启发式思维，导致系统性错误。

（5）决策过程和结果的可复制性：如果输入的数据具有一致性，算法决策的可复制性高；而人类决策受多种因素影响，难以复制。个体差异和情绪可能导致人类的决策和结果个例化。

从以上的分类可见，人机互动的前提之一是从不同维度识别人类和算法分别擅长哪些工作，这样不但在分工的时候能够有的放矢，还能缓解员工对于引入算法的焦虑，毕竟算法也不是在任何方面都胜过人类。根据这些分工的维度评估了任务的分类后，我们可以进而讨论何种工作适合人类，何种工作适合机器，以及哪些工作适合人机交互协同。

图 3-1 根据不同的人工智能协作决策对不同类型的任务进行了人机分工：

（1）类型 A：算法优于人类。

（2）类型 B：人类优于算法。

（3）类型 C：单独使用算法或人类决策都没有明显优势，但人机结合使用则优于单独使用任何一种，因为"错误抵消"给类型 C 带来了优势。

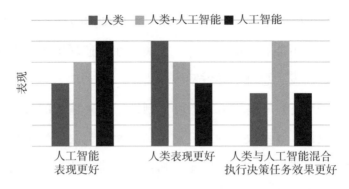

图 3-1　人机交互决策（协同）的收益

资料来源：PURANAM P. Human-AI collaborative decision-making as an organization design problem [J]. Journal of Organization Design, 2021, 10(2)：75-80.

　　第一类和第二类工作都很容易理解，人工智能可以处理大量数据，快速给出答案；而人类则擅长理解复杂的情况，善于从不同角度考虑问题。这里值得期待的是第三类任务，即人工智能和人类各有利弊，但合作起来能做得更好。这类工作需要人机之间交互学习：当人类和人工智能一起解决问题时，将人类和人工智能的决策特点结合起来，人机能够互相补充信息，填补认知盲点，纠正认知偏差，获取错误抵消的收益。

　　人机协作的错误抵消原理类似孔多塞陪审团定理①，当

---

　　① 孔多塞陪审团定理（Condorcet jury theorem）由 18 世纪法国数学家和哲学家马基·德·孔多塞（Marquis de Condorcet）提出。孔多塞陪审团定理的基本假设和结论如下：①独立性。每个陪审员独立地判断案件事实，他（转下页）

陪审团中的每个成员独立并且比随机猜测更有可能正确时，随着陪审团成员数量的增加，集体做出正确决定的概率也会增加。这就像一群人在估计瓶子里有多少颗豆子，虽然每个人的猜测都可能不准确，但大家的平均答案通常会非常接近真实数量。同样，人机交互协同的效果在机器能够搜索和触达更多数据后，加上人类基于经验和情境的决策，会更有效地抵消错误。这也是人机集体智慧的基础①。

3.1.2　突破"零和思维"：人机交互系统中的分工与协作方式

人机之间分工的过程与人与人之间的分工类似，是指把一个大目标（或最终决策）拆分成多个小任务（或决策），然后在团队的不同成员（人或人工智能）中分配这些小任务或者任务的子集②。我们可以借鉴组织设计中

（接上页）们的判断不受其他陪审员的影响。②能力高于随机。每个陪审员判断正确的概率略高于 50％，即他们的判断能力超过随机猜测。③多数决定。陪审团的最终判断是基于多数成员的意见。在这些条件下，定理指出，随着陪审团成员数量的增加，陪审团作为一个整体做出正确判断的可能性也会增加。理论上，如果陪审团的大小趋近于无穷大，那么他们做出正确决定的概率也会趋近于 100％。

①　SUROWIECKI J. The wisdom of crowds: why the many are smarter than the few [M]. London: Abacus, 2004:295.

②　BURTON R M, B. OBEL, AND D. D. Håkonsson. Organizational design: a step-by-step approach [M]. 4th ed. Cambridge: Cambridge University Press, 2020:116 – 118.

"任务相互依存性"① 和任务之间差异度的概念，把人机交互中可能的分工和协作方式归纳成以下几种（见表3-2）。为了便于讨论，我们以选购股票这个决策作为一个例子。表3-2给出了人类和人工智能在人机交互协同背景下选股的工作场景，在这个场景中，股票分析师和人工智能可以有以下不同类型的分工与协作方式。

表3-2　人机交互协同背景下股票投资决策的工作场景

分类		人类和人工智能并行工作（依赖性低）	人类和人工智能依次工作（依赖性高）
专业化程度	人类和人工智能做出不同类型的决策	例：人类负责分析定性数据；人工智能负责分析定量数据；最终的股票推荐报告同时包含这两部分内容	例：人工智能处理定量数据，人类将其与定性数据的洞察整合，反之亦然；最终的股票推荐既可以来自人工智能，也可以来自人类
	人类和人工智能做出同样类型的决策	例：人类和人工智能独立地对同一数据做出价格预测；只要任一方同意（或者另一种方式是只有两者都同意时）就推荐股票	例：人类和人工智能依次对同一数据做出价格预测，但第二个只有在第一个同意的情况下才能看到数据；只有当人类或人工智能最终同意时，才推荐股票

资料来源：PURANAM P. Human-AI collaborative decision-making as an organization design problem [J]. Journal of Organization Design, 2021, 10(2):75-80.

---

① KELLEY H H. Interpersonal relations: a theory of interdependence [M]. Hoboken: Wiley, 1978:23-41.

在分配这些人机互动的任务时，我们首先要考虑的是**任务之间是否相互独立，**或者反过来说，**相互依存性**如何。有些任务可能完全独立，例如，两个设计师分别画不同项目的图纸，他们的工作不会互相影响，相互依存性弱。而在不同的组织设计下，这些任务也可能是互相关联的，比如这两个项目的图纸是一个更大项目的准备工作，且其中有一些相互影响的内容，那么准备阶段的产出可能被更大的项目所复用，或者会影响那个更大项目的质量。在这种情况下，两个设计师之间的相互依存性就比较强。同样，在做决策的时候，如果一个决策需要另一个决策的结果作为输入，或者两个决策的结果合在一起会产生更好的效果，这就意味着任务之间具有**相互依存性**。人和机器的分工中会经常出现这种相互依存性，如果任务的类型不同，人类和算法则可以各自发挥自己的长处，并通过**相互补充来提升整体绩效，减少错误**。就像研究团队在攻关一个难题时，可以互相补充认知上的盲点。

那么哪种分工方式"更好"呢？这无法一概而论，因为这取决于任务之间相互的依存度，以及任务类型对于人或算法技能的要求，这些因素都会影响人机之间的协调方式和完成任务所需的投入和产出。但是，无论如何，最终工作的次序和决策的优先级应该由人类来界定。

　　此外，人机之间的分工和协作关系也会有一个演进的过程，有些任务可能最初是人类更擅长，但随着数智技术的发展，算法的表现可能会超过人类。然而，总有一些任务，由于它们的复杂性以及在伦理上的重大后果，始终需要人类的参与才能解决。我们认为，人机之间更好的合作前景在于通过完成任务达成人与机器的相互学习和共同成长。一个人工智能系统不仅能从自己的错误中学习，还能从人类伙伴的反馈中获得启示；同样，人类也能从算法的处理和分析中获得新的见解，提升创造力。这种相互学习和适应的过程，不仅将提升组织整体的生产力，还为人类在面对复杂决策时提供了更有力的辅助工具和更多的可能性。

　　总之，对于人机互动的思考远不止于"谁擅长什么"，更关键的是人类和人工智能如何从彼此身上学习，如何相互适应，共同成长。正如经济学家亚当·斯密（Adam Smith）所说，分工的好处不仅在于利用每个人现有的技能，还在于**分工本身能够创造新的技能**①。当某个员工或者人工智能算法长时间负责某个特定任务时，他（它）会在这个任务上变得越来越擅长，并且能把这项专长**外溢**到其他工作和场景，转化成新的知识和技能。这个观点也将

①　WILSON H J, DAUGHERTY P R. Collaborative intelligence: humans and AI are joining forces [J]. Harvard Business Review, 2018,96(4):114 - 123.

被组织设计领域的学者所采纳，进一步生成人、机器和网络交互背景下的"集体智慧"。

3.1.3 "集体智慧"：人机交互决策中的综合配置

在数智时代，如何将决策权分配给合适的管理层、专家、员工？什么时候可以将决策授权给算法代理？什么时候采用人机互动的决策方式？这些问题都涉及如何选择合适的**组织决策结构**。从决策结构的角度看，人机之间的协作不仅是静态的分工，更是一个动态的、相互学习的过程。下面我们将着重阐述这个观点。

我们可以回顾一下孩子们在一起学习新游戏的过程，开始的时候可能只有 1～2 个人懂得规则，也可能都不太懂，但在一起尝试，玩多了就慢慢掌握了规则和彼此的技巧与长处，并能够互相学习和进步，甚至"发明"出新的游戏规则。人机之间的互动和协作也是如此，不仅限于"各司其优"，还包括了相互学习和适应的过程。

了解人机协作的学习与适应过程，可以帮助我们更好地设计和优化人机协作的系统，并根据不同的工作场景来设计每个系统的特点以及配置。比如，有些系统中人类和人工智能可能是分开学习的，有些则是在一起学习，这种变化就是不同的"学习配置"。我们使用"学习配置"这个概念来描述不同情况下的人机互动学习模式，这部分的内容与组织内部的信息配置以及组织发展都密切相关。

在组织设计的领域，学习配置有两种比较典型的方式：独立学习（independent learning）和耦合学习（coupled learning）[①]。"独立学习"指的是成员根据自己的决策结果独立学习，不涉及他人。而"耦合学习"通常指的是在某个学习过程中，不同概念、技能或知识领域之间的相互联系和依赖性，并强调在学习过程中将不同的元素综合起来，认识到这些元素之间的内在联系，从而促进更深层次的理解与融合。

在耦合学习中，成员之间（也包括人机之间）的学习和决策是彼此紧密相关的。学习者不是孤立地学习单一概念或技能，而是通过将新的知识与已有的知识结构相关联，理解其相互作用。在教育领域，教师可能会采用跨学科的方法设计耦合学习，常用的形式是项目制的学习。例如，教师可以让学生设计一个复原庞贝古城庭院的作业，将建筑学、植物学、考古、工程和软件设计等领域的知识相互耦合，让学生在解决实际问题时，能够综合运用不同学科的知识和技能。

---

① PURANAM P. Human-AI collaborative decision-making as an organization design problem [J]. Journal of Organization Design, 2021,10(2):75 - 80.

人机交互背景下耦合学习的关键点在于其**双向适应性**，也就是人类学习如何有效地理解和使用算法系统，以及算法系统通过学习人类的反馈、偏好和行动来理解用户的需求和行为模式，从而提供个性化的反馈。目前推荐系统、智能助手和自适应学习平台等应用都在某种程度上运用了耦合学习的概念。在组织管理方面，人机交互背景下的耦合学习也会应用于管理决策、组织学习和员工发展等管理模块。

在探索人机交互决策中的合作方式时，我们需要强调**人机之间的相互依赖关系**。如果一个医生和一个人工智能系统共同诊断一个复杂病例，他们之间的耦合学习方式意味着医生和系统不仅仅是各自负责一部分工作，他们付出的工作和收到的反馈是覆盖整个诊断任务的。在决策本身是**相互依存**的情况下，人类和人工智能之间的分工和反馈也会进一步塑造人机双方可用的数据，从而加深他们之间的相互调整和配合①。因此，人机交互中的耦合学习是一**个持续的、动态化的过程**：即系统通过不断收集用户的反馈和行为数据来学习和适应，而用户也在不断地从系统的反馈中学习如何更有效地使用系统和调整决策。理想状态下，这

---

① PURANAM P, RAVEENDRAN M, KNUDSEN T. Organization design: the epistemic interdependence perspective [J]. Academy of Management Review, 2012,37(3):419－440.

种动态循环使得系统能够持续优化和改进算法，并给予人类学习者更高质量的反馈，实现人和机器的共同成长[①]。

人机耦合学习目前还有很多挑战。首先是人对机器的信任问题。人工智能系统的决策过程往往复杂且不透明，用户很多时候难以理解系统决策背后的原因和逻辑。在技术上如何有效地整合人类的直觉和经验与机器的计算能力，还是一个待解决的复杂问题。此外，用户对人工智能系统的过度信任与依赖也是一个潜在的风险，因为这可能会逐渐削弱人类员工自身的决策能力和专业判断，反而不利于组织整体决策质量的提升。

3.2 人机混合的工作场景

3.2.1 与"数字员工"一起工作

麦肯锡最近的研究[②]发现，有三种典型的工作场景适

---

① RAVEENDRAN M, SILVESTRI L, GULATI R. The role of interdependence in the micro-foundations of organization design: task, goal, and knowledge interdependence [J]. Academy of Management Annals, 2020, 14(2): 828-868.

② 麦肯锡. 数字化劳动力——全力激活人效潜能，助力企业行稳致远 [EB/OL]. (2022-09-14) [2024-03-02]. https://www.mckinsey.com. cn/wp-content/uploads/2022/09/%E6%95%B0%E5%AD%97%E5%8C%96% E5%8A%B3%E5%8A%A8%E5%8A%9B%E7%99%BD%E7%9A%AE% E4%B9%A6-A4-WeChat-20220914.pdf.

合"数字员工"。第一种是人类**"不想干"**的工作。这类
工作通常包括枯燥、重复性高且个人成长空间有限的任
务。例如，处理大量文档的后台工作，工作量大、重复性
高又枯燥，长时间从事这类工作员工会感到不满，最终导
致人员流失。使用"数字员工"可以将人类从这种重复枯
燥的工作中解放出来，去从事更有价值、更有成就感的工
作。麦肯锡在报告中总结了一些人类"不想干"的重复性
工作场景（见表 3-3）。

表 3-3　"数字员工"与"重复性"工作的应用场景

数字化劳动力技术应用	行业	应用场景
软件机器人（RPA、AI+RPA）	银行业	信用卡催收、催办、客户黑白名单审核、银企对账、银行报税、费用报销
	医疗	患者数据处理、医疗账单处理、医保对账
	公共事务	文书自动开具、行政审批、优抚对象身份审核
	保险	风控管理、保险质检
	制造业	物料清单自动生成、采购订单创建与管理、物流运输状态自动更新
软件机器人（文字识别 OCR）	金融、零售等	文字自动识别、信息自动录入、图文文本审核

资料来源：麦肯锡. 数字化劳动力——全力激活人效潜能，助力企业行稳致远
[EB/OL]. （2022-09-14）［2024-03-02］. https：//www. mckinsey. com.
cn/wp-content/uploads/2022/09/％E6％95％B0％E5％AD％97％E5％8C％96％
E5％8A％B3％E5％8A％A8％E5％8A％9B％E7％99％BD％E7％9A％AE％
E4％B9％A6-A4-WeChat-20220914. pdf.

第二种是**"不好干"**的工作，特指那些需要长期待命且直接影响用户体验的工作（见表 3 - 4）。以服务行业为例，大多数呼叫中心及运营岗位往往要求员工长期保持情绪稳定、长时间待命，并掌握大量客服咨询话术，对服务质量的要求极高。面对高标准、严要求的服务型工作，企业有望通过融入更多先进技术和人机协作帮助员工大幅改善工作成效。

表 3 - 4　　**"数字员工"可助力的"服务性"工作场景**

数字化劳动力技术应用	行业	应用场景
对话机器人、服务机器人、情感机器人	银行业、服务业、医疗、公共事务等	人机交互服务、客服应答、24 小时 FAQ 等
智能客服机器人（售前＋售后）	零售、电商、人力资源	售前转化、用户意图识别、售后引导、人工智能客服、智能回复、订单备注
商用服务机器人	餐饮、酒店服务业	烹饪、咖啡制作、餐饮配送

资料来源：麦肯锡. 数字化劳动力——全力激活人效潜能，助力企业行稳致远 [EB/OL]. (2022 - 09 - 14) [2024 - 03 - 02]. https://www.mckinsey.com. cn/wp-content/uploads/2022/09/%E6%95%B0%E5%AD%97%E5%8C%96%E5%8A%B3%E5%8A%A8%E5%8A%9B%E7%99%BD%E7%9A%AE%E4%B9%A6-A4-WeChat-20220914. pdf.

第三种是**"干不好"**的工作，也就是对准确性要求极高且具高危性的工作（见表 3 - 5）。高效、精细和准确的生产流程能够提升工业生产的成本效益，但员工往往受生理机能所限，在执行精密度要求极高的工作时，无法长期保证高度精神专注；部分工作环境凶险，存在危害人员生命的隐患，这类工种通常会出现人手短缺，用工成本高。作为传统用工模式的补充，数字化劳动力结合新型技术，可解决这些用工场景的问题。面对高、精、准的技术性工作，可以期待人机协作完成精准度要求高的任务。

表 3-5　人机协作助力高精准或高危任务场景实践

数字化劳动力技术应用	行业	应用场景
工业机器人	制造业	切割焊接、喷涂、分拣、协作
特种机器人	医疗	手术机器人
	能源、城乡规划	电力巡检、油气管线检测、场站管理、测绘与勘探、异物清除、抢险
工业级无人机	农林植保	农田检测、精准施肥、病虫害防治
工业智能可穿戴设备	制造业	识别险情、纠正人员作业姿势、监测人员工作疲劳度

资料来源：麦肯锡. 数字化劳动力——全力激活人效潜能，助力企业行稳致远 [EB/OL]. (2022-09-14) [2024-03-02]. https：//www. mckinsey. com. cn/wp-content/uploads/2022/09/%E6%95%B0%E5%AD%97%E5%8C%96%E5%8A%B3%E5%8A%A8%E5%8A%9B%E7%99%BD%E7%9A%AE%E4%B9%A6-A4-WeChat-20220914. pdf.

　　"数字员工"是一种拟人的提法，其本质是辅助人类工作的自动化软件和硬件。当前，全职员工、兼职员工和外包员工等人类员工是传统劳动力的核心。面向未来，"数字员工"将逐渐成为职场不可或缺的一部分。我们必须开始探讨如何与这些数智化的虚拟员工或实体机器人有效交流和协作，以充分发挥它们的优势。以下是一些根据目前已有的工作总结的要点：

首先，我们需要确定哪些工作场景需要"数字员工"，然后按照不同场景的需求配置不同类型的"数字员工"。上面麦肯锡的报告已经划分出了一些工作场景，我们也可以将"数字员工"进行分类，例如，我们可以将"数字员工"划分为作业型、助手型和专家型等。

作业型"数字员工"能够帮助人类员工从重复烦琐、任务量大、劳动强度大的基础性工作中解放出来，如数字仓储管理员、自动引导运输车等。**助手型**"数字员工"主要承担信息收集、语言翻译等辅助性工作，以此减少普通员工注意力的耗散，帮助他们聚焦于更具创造性的任务。**专家型**"数字员工"则更类似于普通员工的"外脑"，在全局认知、深度逻辑和复杂准确记忆等方面增强员工的思维能力，如智能排产助手、销量预测助手等。通过识别不同场景的需求，合理配置和利用这些数字员工，我们可以进一步深化人机协作。

其次，我们需要引导员工接受"人机组合团队"的理念，强调人类和机器互补优势在组织中的系统性发挥。这项工作很可能会打破组织传统的上下层级结构以及现有的专业壁垒。这不仅是技术上的挑战，而且是职场文化和工作方式的重大转变①。这个转变并非一蹴而就，而是需要通过设定转型目标、细化提升举措、全面落地实施三个阶段完成（见图 3 - 2)②

在这个转化过程中，员工的技能更新和组织的支持是最关键的因素。在近期的一项研究中，研究者访谈了印度信息技术领域跨国公司的专家，总结了在数智化转型过程中员工需要提升的关键技能，分别是：对数字化的理解能力、数据分析能力、复杂认知与决策能力、持续学习和适应的能力③。

具备高能力的员工与数智技术组队，会大概率形成

---

① KELLOGG K C, VALENTINE M A, CHRISTIN A. Algorithms at work: the new contested terrain of control [J]. Academy of Management Annals, 2020,14(1):366 - 410.

② 麦肯锡. 麦肯锡数字化劳动力——全力激活人效潜能，助力企业行稳致远 [EB/OL]. （2022 - 09 - 14）［2024 - 03 - 02］. https：//www. mckinsey. com. cn/wp-content/uploads/2022/09/%E6%95%B0%E5%AD%97%E5%8C%96%E5%8A%B3%E5%8A%A8%E5%8A%9B%E7%99%BD%E7%9A%AE%E4%B9%A6-A4-WeChat-20220914. pdf.

③ JAISWAL A, ARUN C J, VARMA A. Rebooting employees: upskilling for artificial intelligence in multinational corporations ［J］. The International Journal of Human Resource Management, 2022,33(6):1179 - 1208.

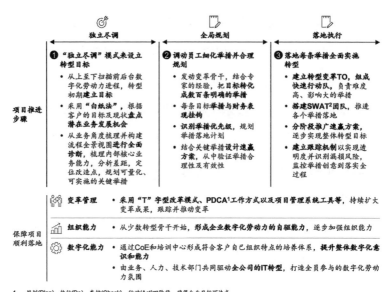

1. 规划(Plan)、执行(Do)、查核(Check)、行动(Act)四阶段，确保企业目标可达成
2. Special Weapons And Tactics，转型专属骨干团队

图 3-2 数字化劳动力转型的三个阶段

资料来源：麦肯锡．数字化劳动力——全力激活人效潜能，助力企业行稳致远［EB/OL］．（2022-09-14）［2024-03-02］．https：//www.mckinsey.com.cn/wp-content/uploads/2022/09/%E6%95%B0%E5%AD%97%E5%8C%96%E5%8A%B3%E5%8A%A8%E5%8A%9B%E7%99%BD%E7%9A%AE%E4%B9%A6-A4-WeChat-20220914.pdf.

"超级团队"。研究还发现，对于那些具有较高技能的员工，人工智能可以辅助他们在创新方面取得更大进展，展现出所谓"强者愈强"的效应。而对于低技能员工而言，当人工智能接管了一些重复性和烦琐的工作后，这些员工会感受到更多的压力和紧张，因而产生负面情绪。对于这类员工，企业需要主动关注和干预人工智能应用对其产生的不利影响，例如，考虑重新界定工作角色和责任，对员工进行个性化的培训，建立员工互助和支撑体系等，以帮助员工适应新的人机混合工作模式，减小员工被人工智能边缘化的概率。

人机结合也会在一定程度上改变组织中的信息流。在人机互动的工作组织中，权力和阶层依然存在，但数智化会让信息流通更容易，团队成员间的信息更对称，沟通也相对及时和透明。从乐观的角度看，这将使团队成员有更多机会参与决策过程，促进分布式决策，并激发员工的创造力和积极性。当然，组织在这个方面的演进也会遇到各种挑战，特别是在员工体验、组织文化和风险管理方面。后面我们会具体讨论。

3.2.2　"人工智能经理"与混合领导力

当我们提及"管理者"的角色与责任时，会涉及包括规划、委派、组织、监管、控制等多种活动，其中涉及信息处理和决策的任务与数智化转型最为相关，包括获取和澄清信息、协调、咨询，以及提出解决问题的方案等①。那么，算法有可能成为"人工智能经理"吗？

从技术演进的趋势看，我们的回答是肯定的。通过处

---

① OBEL B, BURTON R M. Strategic organizational diagnosis and design: the dynamics of fit [M]. 3rd ed. New York: Springer, 2004:42-51.

理和分析大量数据，人工智能可以根据人类的授权处理不同级别的协调和决策任务，这个过程有可能改变传统组织结构中的横向和纵向关系。人工智能不仅能执行人类的指令，而且有可能成为人类活动的协调者。例如，在供应链管理中，人工智能可以实时分析全球各地的库存数据、运输状况和市场需求，自动调整生产计划和物流安排，从而实现高效的资源配置。这种横向协调的能力减少了不同部门之间的信息不对称，打破了以往的层级壁垒。此外，在企业从集团到市场的纵向决策过程中，人工智能可以帮助管理层快速分析大量的市场数据和客户反馈，判断市场趋势，从而生成投资或产品调整的预测和建议。在理想状态下，企业决策会更高效，同时减少中间层传递信息的损耗或偏差。

目前比较接近这个概念的是网约车平台的智能系统。例如，优步（Uber）公司的算法管理模式在一定程度上彰显了"人工智能经理"的有效性。优步通过数智化应用为大约 300 万名司机提供工作指示，包括乘客接送地点和最佳路线规划。这不仅大大提升了资源匹配效率，还在一定程度上赋予了司机在工作时间和区域选择上的自由度，凸显了人工智能在组织中管理和协调任务以及配置资源的潜力①。

无论在学界还是商界，我们对于人类员工如何看待"人工智能经理"的实证研究还在积累中，已有的研究显示了"人工智能经理"的双面性。一方面，在"人工智能经理"持续和单方向的监督下，一些员工会感到"被非人化"和"工具化"，引发了员工对"人工智能经理"的更多担忧和反感。另一方面，有些人群也表现出对于人工智能的期待和信任。一项对来自14个国家的1770名经理的调查和对37名负责数智化转型的高管的采访发现，受访者认为人类管理者应该将日常管理工作留给人工智能，而自己则专注于复杂判断等更"高级"的工作②。他们还发现，78%的受访管理者认为，他们会在未来做出业务决策时相信智能系统的建议，认为机器人领导者能够做出更"客观"的反馈③。此外，一些高层管理者认为，人工智能对中低层管理人员的威胁大于对高层管理者的威胁。

————————

① MA N F, YUAN C W, GHAFURIAN M, et al. Using stakeholder theory to examine drivers' stake in Uber [EB/OL]. (2018 - 04 - 19)[2024 - 02 - 04]. https://dl. acm. org/doi/10. 1145/3173574. 3173657.

② KOLBJØRNSRUD V, AMICO R, THOMAS R J. How artificial intelligence will redefine management [J]. Harvard Business Review, 2016, 2(1): 3 - 10.

③ AHMETOGLU G, DOBBS S, FURNHAM A, et al. Dark side of personality, intelligence, creativity, and managerial level [J]. Journal of Managerial Psychology, 2016, 31(2):391 - 404.

　　总的来说，大多数研究都认可"人工智能经理"和人类领导者所需的技能或能力会根据组织的具体情况而有所不同：智能机器人承担的任务和决策类型是有一定局限性的，就像人类技能在不同情境下的需求不同一样，"人工智能经理"的有效性和其扮演的角色也会因情况而异，并且不能脱离人类的授权与监控。接下来，更有意思的一个问题是：在目前的组织结构图中，每个人类员工都有自己的技能、特征、能力和汇报关系，当算法也能辅助人类工作、处理组织的信息和决策时，这些人工智能的工作职责和权限是否也应该在组织结构图中被体现出来？这个问题我们可以留给正在践行人机协同的管理者们思考与实践。

3.2.3　适配不同类型的"人工智能经理"

　　在数智化转型过程中，组织设计必须解决组织的信息处理需求与其信息处理能力相匹配的问题[1][2]。目前，数智技术的发展已经在这方面展现出其整合性优势。通过整合自然语言处理、语音识别、图像和视频分析、模式识别、

　　[1]　BALIGH H H, BURTON R M, OBEL B. Organizational consultant: creating a useable theory for organizational design [J]. Management Science, 1996,42(12):1648 - 1662.

　　[2]　ARROW K J. The limits of organization [M]. New York: W. W. Norton, 1974:67 - 88.

自动化等技术手段，人工智能可以演化出多种形式和功能，塑造出不同类型的"经理人"。

正如不同的组织结构需要不同特质的人类管理者来匹配，不同的组织结构和场景也需要适配不同的"人工智能经理"。要达成如此的匹配，首先要了解人工智能系统的学习和进化方法。目前，人工智能的学习方式大体可以分为三种主要类型：监督学习、无监督学习和强化学习①。

（1）监督学习。常见的监督学习方法包括决策树、神经网络、支持向量机、朴素贝叶斯分类器、线性回归、逻辑回归、随机森林和梯度提升等。这些方法在处理分类和回归任务中广泛应用，通过利用已标注的数据集来训练模型，使其能够对新数据进行准确的预测和分类②。

（2）无监督学习。无监督学习使用未标记的数据，即数据没有预先定义的标签或结果。这种方法旨在发现数据内部的结构和关系，例如，将相似的数据点聚集在一起。无监督学习常用于聚类和关联任务，帮助识别隐藏的模式

---

① BURTON R M, OBEL B, HÅKONSSON D D. Expanding the organizational design space: the emergence of AI robot bosses [J]. Journal of Organization Design, 2024,13(1):13 - 22.

② AGGARWAL C C, ZHAI C X. Mining text data [M]. New York: Springer, 2012:163 - 222.

或特征。这种方法广泛应用于客户细分、图像压缩、市场篮分析以及降维技术（如主成分分析）等领域，以便简化数据，揭示数据的潜在结构，或提高数据的可视化效果[1]。在处理复杂和未标记的数据时，经常会用到无监督学习。

（3）强化学习。强化学习是一种动态的学习过程，模型通过与环境的交互进行学习。在这个过程中，算法模型（代理）会在特定场景环境中执行操作，并根据行为的结果获得反馈（通常是奖励或惩罚）。算法代理通过这种反馈不断调整和优化自己的策略，以最大化累计奖励或目标函数的值。与其他机器学习方法不同，强化学习不依赖于固定的数据集，而是通过反复试验和探索来学习最优策略[2]。

这三种学习方法各有优势，监督学习侧重于**预测**任务，无监督学习适合于**发掘**数据内部结构，而强化学习则适用于需要算法与环境**交互**的情景，如何选用它们取决于待解决的问题和可用数据的属性。最近一些基于组织中领导者的分类和算法的特点总结了不同类型的"人工智能经

---

① FAHAD A, ALSHATRI N, TARI Z, et al. A survey of clustering algorithms for big data: taxonomy and empirical analysis [J]. IEEE Transactions on Emerging Topics in Computing, 2014, 2(3): 267 – 279.

② WHITTLESTONE J, ARULKUMARAN K, CROSBY M. The societal implications of deep reinforcement learning [J]. Journal of Artificial Intelligence Research. 2021, 70(1): 1003 – 1030.

理"及其在组织中使用的场景（见表 3 - 6）。

表 3 - 6 不同类型的"经理"与其使用场景之间的适配

类别	监督学习	无监督及强化学习
可解释	1."透明控制型"	2."矩阵协调型"
不可解释	3."谜题解答型"	4."事业部主管型"

资料来源：① ARROW K J. The limits of organization [M]. New York: Norton, 1974:77 - 78. ② BURTON R M, OBEL B, HÅKONSSON D D. Expanding the organizational design space: the emergence of AI robot bosses [J]. Journal of Organization Design, 2024,13(1):13 - 22.

1）适合职能组织的"透明控制型"人工智能经理

具有监督学习＋可解释算法的"透明控制型"人工智能经理能够基于大量数据和精心设计的训练对结构化数据做出决策。明确的规则和程序使得它们的管理任务和流程展现出较高的透明度和可控性，适合于结构化和规范化的环境[①]。因此，"透明控制型"的经理适合那些在高层已经集中决策，需要组织统一、高效执行的场景。例如，网约车平台的中层管理职能，包括任务分配、轮班计划、绩效反馈和薪酬等，在很大程度上已由系统自动化，也就是由"透明控制型"的人工智能经理来管理，因其能够使用预

---

① WESCHE J S, SONDEREGGER A. When computers take the lead: the automation of leadership [J]. Computers in Human Behavior, 2019, 101: 197 - 209.

设的规则和算法来执行任务，并确保执行的一致性。

2）适合矩阵结构的"矩阵协调型"人工智能经理

矩阵型组织经常处于"既要、又要、还要"的状态，例如，需要同时强调效率和创新，在授权的同时还需要控制不确定性，要将短期和长期战略结合起来，等等。在这样"既要、又要、还要"的组织中，"矩阵协调型"的人工智能经理（可解释＋无监督强化学习算法）可以辅助人类管理者简化信息，并建立一些指导性的框架来平衡复杂的关系。"矩阵协调型"算法可以更有效地利用大量未分类的数据，通过算法进行洞察和分类；其强化学习功能还可以不依赖于固定的数据集，而是通过反复试验和探索来学习最优策略。除了分类和跨数据集的优势，"矩阵协调型"算法还可以协助人类管理者将工作分解成更小的任务，并利用多个软件平台和通信工具将任务分配给员工，承接矩阵组织对于效率和灵活性的双重诉求。"矩阵协调型"经理的这些优势，可以赋能更多组织成员（人类或机器）基于更广泛的数据分析做决策，目的是促进跨职能、跨领域的协作和资源共享，在一定程度上满足矩阵组织"既要、又要、还要"的管理诉求。

3）简单组织中的"谜题解答型"人工智能经理

监督学习＋不可解释的"谜题解答型"人工智能经理

能够快速输出解决方案，但是，由于我们对于其解题的过程和答案的驱动要素不甚了解，"谜题解答型"的算法适合于层次结构少、管理层少、决策集中而迅速的场景。目前还很少有正式的组织愿意让非人类在没有解释的情况下做出这样的决定。当然，在创业人士中总是不乏有趣的尝试。例如，一名创业者在他领英的网站上宣称他正在开始一项实验①，他使用一个叫 OpenAI iCEO 的生成式人工智能做老板，而他是 iCEO 的"人类联合创始人"。iCEO 在他初创公司中做出大多数决策，旨在模拟一个初创公司的首席执行官（CEO）的职责和决策过程。该创业者认为，这种实验可以让用户和创业者通过交互式提示和角色扮演来深入了解战略管理，用户还可以提出有关产品、服务和员工管理的问题，创业者也可借此获得一些战略方向上的建议②。（此项实验在本书写作时还在进行中。）

4）独立性较强的"事业部主管"型人工智能经理

采用无监督学习和不可解释算法的"事业部主管"型人工智能经理与独立运作某个事业部或者部门的人类领导者对授权的偏好相似，它们能够将信息集群化并做出决

———————

①　JOÃO FERRÃO DOS SANTOS | LinkedIn［EB/OL］.（2023 – 08 – 09）［2024 – 08 – 14］. https://www. linkedin. com/in/joao-ferrao-dos-santos/.

②　OpenAI iCEO-Startup management simulation-TAAFT［EB/OL］.（2024 – 01 – 09）［2024 – 05 – 11］. https://theresanaiforthat. com/.

策，并在分布式决策框架内有效执行。无监督学习＋不可解释算法的操作和推理过程并不清晰，因此，人类通常难以理解决策背后的逻辑，而是允许机器通过自主分析数据和信息做出决策。理论上，这种无监督学习＋不可解释的"事业部主管"型人工智能经理适合于去中心化且权力充分下放的部门。

在现实世界，受限于数智化转型的复杂度，目前"事业部主管"型人工智能经理的应用还不多见，Mika 可能是比较接近的例子。一家位于波兰的朗姆酒公司 Dictador 在 2023 年任命了人工智能机器人 Mika 来管理其一个陈年朗姆酒收藏的自治社区①。从客户识别到瓶子设计等艺术合作，Mika 的影响延伸到 Dictador 运营的各个方面。它还被授权管理 Arthouse Spirits 项目（一个去中心化自治组织），以及与不同网上社区的利益相关者们互动。当然，虽然 Mika 作为一个新的尝试，承担了许多职责，展示了人工智能在当代商业环境中的多功能应用和广泛影响力，但 Dictador 的重大决策仍然是由人类高管做出的。

以上对于不同类型的人工智能经理的分类和匹配还处

---

① BAILEY, K. 'Mika' becomes world's first AI human-like robot CEO [EB/OL]. (2023 - 11 - 05) [2024 - 03 - 22]. https://www.foxbusiness.com/technology/mika-worlds-first-ai-human-like-robot-ceo.

于初步的讨论和尝试阶段，要将"人工智能经理"融入组织设计与组织管理，我们还有很长的路要走。我们需要认识到，"人工智能经理"的出现和融入不仅仅是新技术的应用，它还将推动组织设计和工作设计的深刻变革。随着技术的不断进步，我们将逐步过渡到人类与算法（包括"人工智能经理"以及"数字员工"）协同工作的混合模式。这种转变不仅会改变传统的工作方式，还将改变职场的角色分工、决策流程和组织发展的理念和方法。在这个过程中，人类管理者和员工，特别是组织和人才管理的专家们不仅要能够跟上技术发展，适应变化，还应该思考如何引导技术发展，并将数智技术的优势融入组织设计与发展中。

3.3 在组织层面探索人机协同与组织设计

在以上各小节，我们更多聚焦于数智化转型中"任务"层面和"人机交互"层面的讨论。在这一节中，我们将开启一个更宏观的角度——即从**组织层面**讨论数智化的影响。

目前主流的人机协作研究主要关注技术是否"有效"，例如，使用人工智能是否提高了甄选的效率或者可信度如何，人机互动做出的决策是否更精准，以及人机相互学习的"混合智能系统"是否能够优化工作流程和提升员工体验等①。

科研的进展依靠实证研究的积累，在数智化与组织发展领域，目前实证研究的进展多数还是在"任务层面"，也就是从比较微观的层面和局部看待人机互动，且研究的角度比较发散。从战略落地和组织发展的实践看，我们需要更多地从整体看待人—任务—组织之间的多层次互动，以及这些互动如何随着时间持续变化与发展。因此，笔者特别强调要从"组织"层面系统地看待数智技术给组织整体带来的影响，包括组织文化、规则制度、权力分布、社交网络、员工关系等②。

针对人工智能对于组织整体的影响这个议题，实证研究还在积累中，在这个领域还需要做很多工作。算法管理的影响远不止于技术层面，还涉及社会政治环境下的复杂变化③，例如，如何重新界定人机的责任归属，技术对组织中角色和权力关系的重塑，算法应用与组织决策的不透

---

① KELLEY H H, THIBAUT J. Interpersonal relations: a theory of interdependence [M]. New York: Wiley. 1995:23-41.

② SEAMANS R, RAJ M. AI, Labor, productivity and the need for firm-level data [R/OL]. (2018-01-01)[2024-01-25]. https://www.nber.org/system/files/working_papers/w24239/w24239.pdf.

③ OLIVOTTI D, PASSLICK J, AXJONOW A, et al. Combining machine learning and domain experience: a hybrid-learning monitor approach for industrial machines [EB/OL]. (2018-10-13)[2023-12-30]. https://link.springer.com/chapter/10.1007/978-3-030-00713-3_20.

明性，以及管理者和员工对算法的偏见和抗拒等。这些因素共同作用，会阻碍算法的有效应用。举个例子，斯坦福医学中心在 2020 年底使用算法来决定哪些员工应优先接种 COVID‐19 疫苗。然而，该算法的设计存在问题，导致大量管理者和其他非一线员工被优先考虑，而许多真正面临高风险的一线医务人员却被排除在外。这一错误引发了广泛的批评和不满，凸显了应用算法也无法规避权力和价值观的偏见。这个例子也提醒我们，在使用算法改善生产力、重塑组织结构的过程中，不仅要关注技术创新和效率提升，而且要兼顾技术对于组织和社会关系的复杂影响。换句话说，组织是个社会系统，算法也不是存在于真空中。由于社会系统和工作组织固有的复杂性和变革抵触，很多领先企业即便资源充沛，其数智化项目在实施过程中也时常失败或大大超出其预算和时间表[①]。

　　一个多世纪以来的组织研究和实践表明，领导力和人力资源管理是塑造组织流程、支持变革、确保员工技能发展和实现学习型组织的决定性因素。到目前为止，管理者和专家们似乎更热心于探讨如何应用技术提升效率，而以"组织和人"为中心来讨论数智化转型的研究和案例从发

---

　　① DAVENPORT T H. Enterprise adoption and management of artificial intelligence [J]. Management and Business Review, 2021,1(1):165‐172.

表数量上看并不占优势。但是，在数智化落地的过程中，组织和人的管理和转变是绕不过去的一个挑战。例如，最近一项研究对实施工业 4.0 预测性维护领域的企业进行了一系列的实地访谈和调研①，他们发现，将人工智能和自动化应用嵌入组织的变革绝不是"技术到位"后就可以自动发生的，领导力和员工能力发展在转型中起到了非常重要的作用，需要将项目的实施与人力资源管理（如变革管理、技能和组织发展）系统地结合起来。这项研究总结了组织在适应的过程中需要应对的几个关键挑战：

首先，组织和人员准备是否到位？如何持续保证组织和人才供给？ 随着人工智能的逐步引入，需要增加员工在技术和管理方面的培训。即便是已经植入的人工智能系统，也需要设计不同程度的管理、维护或干预（如计划因紧急情况停止运行软件，维修和订购额外的配件，修补系统漏洞等）。这些干预判断需要管理团队具有一般管理技能和常识、专业领域经验、软件和硬件等不同学科背景和不同经验等级的组合。因此，变革项目组必须透彻讨论能力组合、分工协作、授权和激励等相关问题。这里关于人

---

① HERRMANN T, PFEIFFER S. Keeping the organization in the loop: a socio-technical extension of human-centered artificial intelligence [J]. AI & Society, 2023, 38(4): 1523 – 1542.

力资源管理的典型问题包括：涉及人工智能应用的员工和管理者应该具备哪些能力和胜任力？我们还有哪些差距？如何设立人才标准？如何进行相关的人才盘点和配置？以上任务需要哪些部门和人员来完成？是否需要特别的激励措施？注意这个过程不是一劳永逸的，需要变革小组在每一次变革项目的事前、事中和事后进行复盘和讨论，直至每项工作形成闭环并植入相应的组织制度和流程中。

其次，**组织还需要确定变革过程中的决策规则**。例如，哪些部门和人员被授权决定、启动、命令或补救人工智能提供的决定？哪些情况可以由管理者单独决策，哪些情况必须集体决策？权限放在哪个级别？此外，如果人工智能系统提出不好的建议，员工在何种情况下可以不遵守人工智能的建议？如果遵从人工智能的建议引发了损失甚至法律责任，员工或管理者将面临何种后果？这些涉及人员的**能力**、**流程**、**决策**和**责任**的问题会在引入人工智能的变革过程中反复出现。管理层不仅需要持续应对和解决这些问题，还需要启动后续相关的反思和组织学习，不断积累经验，并将经验沉淀到管理系统中[①]，避免日后"重复

　　① KELLOGG K C, VALENTINE M A, CHRISTIN A. Algorithms at work: the new contested terrain of control [J]. Academy of Management Annals, 2020,14(1):366 - 410.

造轮子"。

最后，数智化转型的成功仰赖于很多**组织先决条件**，特别是高层管理者在注意力和时间管理方面的优先级。以下几个方面特别需要**高层管理者们关注**[①]。

（1）**处理与企业上游和下游以及外部合作者的关系**，因为这会涉及技术、人财物、质量控制和财务等战略和运营问题。外部合作伙伴和供应商的加入通常会涉及更多组织程序的调整。特别需要强调的是，内外部**数据量增加和人工智能处理数据的能力增强，这两个增量会同时对工作流程和协作模式提出新要求**。

（2）管理人机互动的能力：作为组织发展和人才部署的推动者，管理高层与人力资源部需要承担塑造流程、确保技能发展的角色，确保有合适的人员来设计、磨合与优化人机协同系统，处理人工智能的缺点和错误，以及进行基于人机协作的决策。更具体的工作包括培训人类员工对于人工智能系统进行反馈、纠偏、质量控制和监管等。

（3）协调责任、义务、权利和组织规则：组织需要逐步完善人机系统工作的决策规则，考虑到多方参与协作的

① HERRMANN, T. Socio-technical design of hybrid intelligence systems—the case of predictive maintenance [EB/OL]. (2020 - 07 - 10) [2024 - 02 - 07]. https://link. springer. com/chapter/10. 1007/978-3-030-50334-5 _ 20.

权力、责任和激励，协调组织规则和惯例的处理方式。这些工作不但需要与组织的战略诉求保持一致，还要兼顾组织管理的伦理和道德标准。

基于上述讨论，在这种背景下，组织在数智化转型过程中具体需要如何融入人工智能技术？需要驱动哪些管理动作和流程？基于人工智能的流程和相关的循证文献[①]，领域专家归纳了四个在组织管理工作中引入人工智能技术的子循环（见图 3-3）。

在这四个子循环中，每一个子循环都有可能成为人工智能改进的一个原点，并在子系统内部持续优化。这在基于机器学习的人工智能应用中尤为显著，因为它们依赖于训练数据，每次使用都可能产生新数据，这些数据还可以不断刷新算法。例如，循环 1（人工智能使用和数据生成）会不断自我刷新，并且与子循环 2（人工智能系统改进）紧密相连。由于人工智能不是基于传统的、可完全内部测试的算法，人工智能结果的质量必须通过其在重复处理原始任务上的表现来评估。人工智能在原始任务处理中的表现会立即反映出潜在的人工智能适应问题，因此会出现子循环 3 与子循环 1 和 2 的交织。

---

① 这四个循环在哈默（Hammer）等人在 2022 年通过跟踪两个企业实施人工智能系统的研究中得到验证。

图 3‑3　人工智能在组织管理中的"四个循环"

资料来源：HERRMANN T, PFEIFFER S. Keeping the organization in the loop: a socio-technical extension of human-centered artificial intelligence ［J］. AI & Society, 2023,38(4):1523－1542.

　　此外，人工智能在实践中的应用不仅仅是收集潜在的训练数据，它还涵盖了一个更广泛的应用场景。与传统的信息技术解决方案不同，在人工智能的应用中，这些场景信息可能会以不同的方式引导技术的发展。这个过程在很大程度上取决于**组织层面的管理决策**——也就是说，**决定**

何时、用哪些数据来对人工智能进行重新训练，这甚至是一个企业战略层面的考量。在分析和使用子循环 1～3 的时候，组织借助数智技术的洞察，不断刷新组织策略、工作流程、人力资源和客户关系等要素。通过这样环环相扣的循环，组织有望最大限度地利用人工智能的优势，同时规避相关的风险。

基于学界文献[①]和以上对于各项循环的阐述，我们整理出人工智能融入组织循环的示意图（见图 3-4）。

（1）从高层决定引入人工智能开始，涉及相关的业务主管和人力资源团队进行组织协同（见图 3-4①）。在组织中实施人工智能协同不仅关乎技术集成，而且涉及复杂的决策和人机协作问题，因此需要领导层、人力资源部和核心业务主管共同指派具有合适能力的人员来管理人工智能应用。同时，启动循环后，需要不断协调组织中的各种角色和流程，以确保员工的职责和权限与进行中的流程相匹配。

需要特别关注的是，人力资源部门的"懂业务"是基于对组织各部门的需求和数智技术应用的深入理解之上

---

①　HERRMANN T, PFEIFFER S. Keeping the organization in the loop: a socio-technical extension of human-centered artificial intelligence [J]. AI & Society, 2023,38(4):1523-1542.

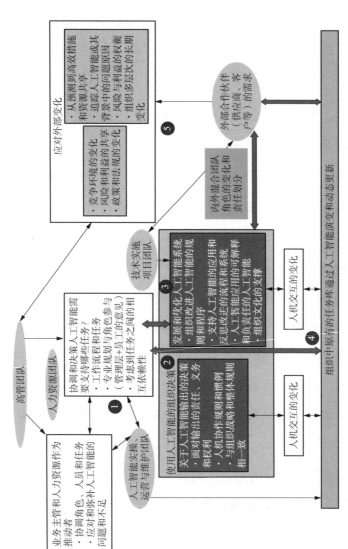

图 3 - 4　人工智能落地的组织实践的交互与循环示意图

资料来源：部分基于 HERRMANN T, PFEIFFER S. Keeping the organization in the loop: a socio-technical extension of human-centered artificial intelligence [J]. AI & Society, 2023, 38(4):1523 - 1542. 本书作者有整理和修改。

的。特别需要人力资源部门关注的，是培养员工与人工智能一起工作的能力和意愿，通过制定人机互动相关的政策、流程和学习社区以支持员工发展，同时维护组织变革过程中的关键人员保留。

（2）对人工智能结果的评估和干预不能停留在人机互动层面，从组织设计和流程优化角度，人力资源部门需要参与这个决策，例如，谁有权对人工智能系统进行修改及修改的范围等。此类决策中，人工智能的可解释性是一个重要话题，因其不仅涉及对某个算法输出结果的理解[1][2]，而且涉及这些结果与组织中现有任务和责任之间的交互，进而影响到组织中角色、工作流程、职责和权利的规范化。当然，最不可或缺的讨论，是关于对员工公平感和工作士气的影响（见图 3 - 4[2]）。

（3）和组织中其他需要不断改进的循环一样，引入数智化应用的过程中需要找到人类和人工智能的互补优势，同时，还要采取措施来应对算法的不足，以保证工作质量和人机协同系统的持续改进。数智化系统在组织内部的持

[1]　ADADI A, BERRADA M. Peeking inside the black-box: a survey on explainable artificial intelligence (XAI) [J]. IEEE Access, 2018, 6: 52138 - 52160.

[2]　MUELLER S T, HOFFMAN R R, CLANCEY W, et al. Explanation in human-AI systems: a literature meta-review, synopsis of key ideas and publications, and bibliography for explainable AI [EB/OL]. (2019 - 02 - 05) [2024 - 03 - 14]. https://arxiv.org/abs/1902.01876.

续发展、提效、定制化和演进，是一个长期过程，同时还受到外部需求的变化、算法输出质量、组织原有任务等要素之间的相互作用的驱动（见图3-4③）。

（4）人工智能应用与组织原有的任务库之间的相互作用是一个非常关键的管理议题。这个过程涉及管理层和员工共同决定人工智能应用将支持哪些特定的任务（见图3-4④）。并且需要考虑由此带来的员工角色、技能和工作流程的变化，以及相关的权利和规则变化，这些变化反过来也会动态影响组织原有的任务库和相关的数智化应用。

在思考这种相互作用时，特别注意不能局限于局部任务的人机互动，而是需要考虑人机互动对于组织的影响。例如，扩展数智技术的应用可能意味着将某些决策权从管理层转移到技术层面，从而改变控制权的分配。这可能导致维护任务的控制权不再完全在管理层手中，有些部分会由算法驱动①。那么，接下来的议题就是企业由谁评估人工智能性能的质量，如何评估，是否合法，以及决策的"透明度"（可解释性）如何。这需要决策者在遇到管理矛盾时，确保数智技术与组织目标员工需求

①　RAHWAN I. Society-in-the-loop: programming the algorithmic social contract [J]. Ethics and Information Technology, 2018,20(1):5-14.

相匹配[1]。

（5）在组织中引入数智化应用时，还需要考虑外部环境因素（见图 3 - 4⑤）。这种相互作用涉及对外部世界的持续监控和协调，包括理解社会环境的变化以及如何与外部合作伙伴有效互动[2]。处理这些变化不仅是组织内部的任务，也是对组织外部关系的回应。例如，市场需求变化可能导致新的工作任务，从而改变组织内部的分工、资源配置、原有的任务库，以及相应的能力需求。在这种情况下，内部团队不能故步自封，而要持续刷新数据和洞察，与外部合作伙伴保持及时顺畅的沟通，把外部的信息和能力衔接嵌入组织的内部循环（见图 3 - 4①—④）[3]。

简而言之，将数智化系统引入组织不仅仅是一项技术任务，更是一个持续的内外部循环：需要组织不断调整其策略和实践，不断地在技术实施、人员培训、政策制定以及与人工智能系统的互动中寻求新的平衡和匹配。

---

① REN M. Why technology adoption succeeds or fails: an exploration from the perspective of intra-organizational legitimacy [J]. The Journal of Chinese Sociology, 2019,6(1):21.

② HERRMANN T. Socio-technical design of hybrid intelligence systems— the case of predictive maintenance [EB/OL]. (2020 - 07 - 10)[2023 - 12 - 14]. https://link. springer. com/chapter/10. 1007/978-3-030-50334-5 _ 20.

③ BRYNJOLFSSON E, MITCHELL T. What can machine learning do? workforce implications [J]. Science, 2017,358(6370):1530 - 1534.

数智时代的员工
体验管理

　　在讨论数智化转型的各种声音中，"员工体验"是个较少被提及的话题，却是人力资源部门的关键任务，因为员工体验会直接影响转型的结果。积极的员工体验可以促进员工的参与度，加速员工接受数智工具，并推动他们对于变革的认同感。同时，员工体验在变革期间对士气和人才保留也有关键作用，积极的员工体验能增进协作能力，增强组织韧性，降低倦怠和人员流失的风险。员工体验对客户体验也有显著影响，那些拥有更加正向体验的员工，能够更快地接受数智技术，并更熟练地使用新工具为客户提供高质量的服务。

　　在数智化的变革中，不可回避的管理挑战是如何管理负面的员工体验，比如对于失业的恐惧和焦虑，人机交互过程中对于自己职场身份的困惑，以及在新的、无所不在的数字监控下对于隐私的普遍担忧和心理反应。本章系统阐述了这些在员工体验方面常见的管理问题，并依据已有的实证结果给出了一些应对的思路与方法。

　　此外，数智技术的应用也与员工的职业生涯发展紧密相关。作者在本章强调企业应提供必要的培训，指导员工将现有能力与数智化转型相结合，增强员工的体验和人机协作能力。

4.1 新一波技术焦虑

从工业化迅猛发展的 20 世纪中期起，关于技术发展和自动化造成人类失业的忧虑就一直存在。近年来，随着生成式人工智能和自动化的发展，类似的焦虑又开始甚嚣尘上。这种焦虑一方面源于媒体和咨询报告的频繁渲染，例如，生成式人工智能可能会带来的种种"颠覆"；另一方面也来自动荡的经济环境给人们带来的不安。

但实际情况是否如此？人工智能的技术进步是否代表我们正逐渐失去对世界的掌控，甚至面临被机器取代的风险？

历史是个好老师，从历史经验看，技术的发展通常是一把双刃剑，一边可能裁减某些岗位，另一边却能孕育新的就业机遇。美国麻省理工学院劳动经济学教授戴维·奥托（David Autor）的回顾性研究指出，尽管人类经历了工业革命和自动化浪潮，失业率也随着经济周期跳跃不定，但总体就业人数还是在增长。新技术确实替代了一些工作，但同时也开辟了新的工作需求。未来的职场可能更像是一场"人类与机器的协奏曲"，有机器擅长的部分，但总的来说还是由人的智慧来控制和演绎。

20 世纪 80 年代，当 ATM 机出现的时候，人们普遍认为银行柜员这个职位会"灰飞烟灭"，但 1980—2010 年的数据则提供了反例①：银行柜员的工作并没有"如期"消失。这背后有两个关键原因：一是银行分行数量的增长，尽管每个分行的柜员减少了，但对于柜台服务的总体需求却增长了 40％；二是柜员的工作内容变化了，简单的现金处理被自动化，而柜员则需要胜任客户咨询、服务甚至部分销售的角色。20 世纪 20—40 年代，美国引入电话自动接线技术，导致大量接线女工失业。最新研究显示，尽管自动化冲击对这些女性的职业生涯产生了负面影响，许多人不得不转行到薪资更低的行业甚至失业，但劳动力市场迅速适应了这一变化，文秘和服务行业的岗位弥补了大部分失业②。

这些案例展现了一个有趣的现象：技术进步对劳动力市场会有短期冲击，自动化可能会在某些方面替代传统的人工劳动，但人类具有强大的适应和学习能力，效率的提升和工作内容的拓展也会催生新的工作机会，甚至会促发新的商业模式。技术的进步不总是意味着工作的终结，但会导致工作设计和工作流程的转变。

① BESSEN J E. How computer automation affects occupations: technology, jobs, and skills [EB/OL]. (2016 - 10 - 04)[2024 - 03 - 04]. https://scholarship. law. bu. edu/faculty _ scholarship/813.

② FEIGENBAUM J, GROSS D P. Answering the call of automation: how the labor market adjusted to mechanizing telephone operation [J]. The Quarterly Journal of Economics, 2024,139(3):1879 - 1939.

更重要的是，在人机之间，互补增益的关系比零和替代关系更重要：当我们过分关注机器替代人工劳动时，我们可能会忽略机器和人之间的**互补关系**，以及劳动者和技术之间的**相互增益**。从人机互补和互益的视角看，引入新技术，不仅能提高劳动效率，而且能扩大劳动需求，增加收入。因此，面对新技术带来的焦虑，高层管理者们需要多关注员工如何接受、适应新技术，如何赋能员工，激发他们从适应、互补和增益的视角看待技术发展给工作和组织带来的影响。当大部分员工有能力和意愿来积极应对变化时，企业也会在技术变革的浪潮中找到新的机遇和策略。下面我们会讨论在数字化转型过程中，员工感受和体验方面的一些挑战。

4.2　自动化引发的困惑：员工的职场身份与角色定位

员工在工作场所的身份认同由个人身份（价值观、信仰和特征）、职业身份（技能、专业知识和职业抱负）、社会身份（在组织内的归属感和人际关系），以及组织身份（与公司文化、价值观和使命的一致性）构成。这些因素共同影响着员工如何看待自己、与他人互动，以及与角色和组织的关系。员工的身份认同和表达会受到组织文化、领导力、公司政策和技术系统的影响[1]。根据以往技术发展引发的组织变革案例，新技术的应用可能导致员工对职场身份和角色定位的困惑，甚至引发"身份危机"，进而显著影响员工的工作满意度、绩效和同事关系。

随着新技术的引入，分工和绩效要求都在变化，员工们开始重新审视自己在这个新环境中的位置和价值。成为一名"理想员工"不仅意味着要掌握新技能，而且意味着要学会与机器搭档，甚至改变自己的工作方式来适应机器的步调。通常，感觉自己能力强的员工自尊心和自信心会更高，觉得自己在职场中的地位更加重要。但当他们拿自己的能力和"机器"做比较，甚至需要按照算法的指令工作时，他们会感到沮丧并开始质疑工作和生活的意义，甚至选择"躺平"或离职。

欧洲一家大型零售商的研究案例很好地记录了当组织引入新技术时员工的心理变化[2]，相信也可以给我们当下

---

① HASSAN S. Employee attachment to workplace: a review of organizational and occupational identification and commitment [J]. International Journal of Organization Theory & Behavior, 2012,15(3):383 - 422.

② MOULAÏ K, ISLAM G, MANNING S, et al. "All too human" or the emergence of a techno-induced feeling of being less-able: identity work, ableism and new service technologies [J]. The International Journal of Human Resource Management, 2022,33(22):4499 - 4531.

的数智化转型提供一些启示。像很多零售企业一样，为了提高效率，这家零售商引入了一种人机结合的结账模式。在这种模式下，员工需要在自助结账区和人工收银区之间切换，完成不同的工作。研究者在进行深度员工访谈后发现，自助结账机的引入让员工感到很难评估自己的"工作效率"，以至于感觉自己的工作"永远做得不够好"。同时，员工也搞不清"高绩效工作者"的标准。更糟糕的是，员工们开始质疑自己工作的价值，感到挫败，想要辞职。与此同时，技术监督的手段也发生了变化，店面使用更多摄像头监控员工行为，并伴以更频繁的直接批评。员工感觉自己"被机器比下去了""哪怕是小小的错误，如偶尔扫描同一商品两次或找错零钱，也会被贴上'不合格'的标签"。

面对这些变化，经验丰富的零售员工表达出恐惧或愤怒。他们担心，那些曾经被其视为工作中"人性化"的东西，如同事和客户间简短的互动和交流，都可能因为自助结账系统而消失。为了维持自己工作的价值感，抵抗被简化为"机器"的趋势，员工们选择了不同的方式来对抗这种变化，比如在组织中散布负能量，有员工用讥讽的口气抱怨，"机器不会像人一样需要休息或去洗手间，所以也不会'拖延'""当机器出现问题时，管理层也不会批评它"。同时，由于自助结账机被视为执行相同任务的"更高标准"，员工的自信心受到了很大的打击。他们感到，机器不是减轻他们工作量的辅助工具，而是比人类员工"更优秀的竞争者"。许多员工还感到，因为客户选择了自助结账，他们失去了与客户直接互动的机会，从而降低了自己作为服务类员工的价值。

针对美国市场的研究表明，自助结账的货品损失率估计为 3.5%～4%，而收银员通道的损失率不到 1%。类似的损失差异导致连锁超市 Wegmans 在 2022 年宣布将暂停自助结账，原因是商店行窃损失加大。Lending Tree 的一项调查也发现，复杂的监控系统并不能阻止小偷，15% 的自助结账用户承认有偷窃行为，其中，44% 的人计划再次偷窃。即使在 21% 承认自己是无意中拿走物品的人中，大多数人也没有纠正自己的错误。此外，自助结账增加了流程失误和系统噪声，特别是库存信息问题，给及时补货造成了阻碍。

此外，让高管们更觉棘手的是缺失反馈：顾客不再选择我们的超市是因为超市人手不足？抑或自动化流程笨拙不便？是货架上没有及时补货，还是有其他更重要的原因？这些问题让高管们关注到另一个重要因素：自助结账将会使他们错过实时收集客户宝贵反馈的机会。

当服务员在收银时问顾客："您找到了所有需要的东西吗?""还有什么我们能帮到您的?"顾客的回答将有助于快速了解客户的需求,优化店面品类的管理。这个与客户的接触点可能非常关键,但是如果全面引入自助结账系统,店家就完全失去了这个即时了解客户反馈的机会。

沃顿商学院运营、信息和决策学教授圣地亚哥·加利诺(Santiago Gallino)认为,使用自助结账系统对于零售店来说,"是一种削减劳动力和增加灵活性的结合。这不仅仅是提高结账效率,实际上店家是在把这部分劳动转移给顾客"。加利诺表示,零售商不断地评估如何可以削减开支,而最大的成本类别是库存和员工。由于超市的利润率通常很低,即便有员工和客户的抱怨,超市还是会更多地使用自助结账系统以降低成本。

无论如何,自助结账系统还会继续存在并不断进化,而专家们认为,不同类型的零售商在考虑是否使用以及如何使用自助结账系统时,应该充分考虑自己客户的特点,例如,百货公司的购物者也许希望得到一定程度的个性化服务,而冲进超市买啤酒的人可能并不在乎自助结账。店铺繁忙的时候给一些不愿意排队的客户自助结账的选择是合适的,但是不能为了节省成本强迫顾客自助结账。在提升效率和把服务工作转嫁给客户之间，企业还是要做出选择。近年来，因为客户的抱怨，Booths（英国连锁超市）就宣布摒弃大多数店铺的自助结账系统。因此，管理者在引入新技术时首先要关注其是否符合自己的业务特点和商业模式，包括客户偏好；同时应关注员工的适应度，在发现问题苗头的时候积极应对。

当我们面对未来的不确定性时，我们通常会从历史中学习。例如，从自动售货机的例子推而广之，我们可以意识到，当人机混合时代来临时，员工与自动化设备一起混合工作的趋势不可避免。那么，明确员工和机器的定位就非常必要。第一，要坚持机器为人类赋能的定位：人类员工的工作可以分解成不同的工作，其中一些适合算法和机器来执行，另一些适合人类来执行，还有一些则适合人机协作（详见第3章）来执行。因此，工作分析非但没有过时，反而会在数智化时代变得更加重要。第二，算法和自动化设备可以逐步胜任许多任务，但是一些"长尾"的工作，例如，在呼叫中心，客户问出一些不常见的、需要对情境有深入理解的问题，这时人类员工的绩效更佳。此外，在引入技术的转型期，员工会感到迷茫、挫折，甚至丧失工作的意义感。当负面情绪蔓延时，甚至可能演化成群体性问题。由此，算法管控时代的员工关系管理也面临新的挑战。

4.3　监控系统与员工隐私

4.3.1　监控系统的发展

用人工智能算法管控员工似乎是近些年才被业界关注的事情，但是类似的概念，例如"电子绩效监控"在 20 世纪 80 年代就出现了，并被定义为"利用计算机等电子设备来收集、存储、分析和报告员工工作活动的信息"[①]。电子绩效监控最开始在呼叫中心被广泛使用，到了 20 世纪 90 年代，电子监控方式已经扩散到各个行业，并被贴上了"数字泰勒主义"的标签[②]。《卫报》在 2015 年提出"数字全景图"的概念，指出监控范围从电子邮件和电话扩展到短信、屏幕截图、击键记录、社交媒体活动，甚至包括与同事的面对面互动。到了 2018 年，《卫报》进一步报道称，数智监控和员工隐私之间的矛盾在科技企业和其他行业都日益显著。

[①]　定义来源：美国国会技术评估办公室（Office of Technology Assessment, OTA）。

[②]　科利特（Corlett）在 1992 年提到了工程师弗里德里克·泰勒（Frederick Taylor）的"工业效率"理论，暗示数智化监控可能导致"办公室的泰勒化"，也就是过分关注监视员工的工作效率。

　　员工监控的历史发展，经过了几个不同的阶段①：从最初的广泛模拟监控（监控 1.0）到记录键盘活动和鼠标点击（监控 2.0），再到追踪电子邮件和网站活动（监控 3.0），直至利用物联网技术进行实时、无处不在的监控（监控 4.0）。目前，我们已经进入了算法时代（监控 5.0）②，在这个阶段，我们依赖复杂算法和人工智能的高级监控，将工作场所的数智监控推到了新高度③。

　　当前，在工作场所的数智监控（电子性能监控）手段是多种多样的，这些技术包括：

> ● **相机/闭路电视**：在工作场所和公共区域广泛使用，用于实时监控。
>
> ● **笔记本电脑/PC**：通过电脑监控工作活动，如软件使用和上网行为。

　　① EDWARDS L, MARTIN L, HENDERSON T. Employee surveillance: the road to surveillance is paved with good intentions [EB/OL]. (2019 - 02 - 21) [2024 - 02 - 27]. https://papers. ssrn. com/sol3/papers. cfm? abstract _ id = 3234382.

　　② WENZEL R, VAN QUAQUEBEKE N. The double-edged sword of big data in organizational and management research: a review of opportunities and risks [J]. Organizational Research Methods, 2018, 21(3):548 - 591.

　　③ DUAN Y, EDWARDS J S, DWIVEDI Y K. Artificial intelligence for decision making in the era of big data-evolution, challenges and research agenda [J]. International Journal of Information Management, 2019, 48:63 - 71.

- **智能手机和智能手表**：这些设备通常包含各种传感器（如运动传感器），可用于追踪员工的位置和活动，甚至跟踪员工的睡眠模式，以发现潜在健康问题。（当然，这种数据的使用可能不完全符合员工的最佳利益，因为它涉及隐私和对个人生活的侵犯。）

- **物联网（IoT）设备**：扩展了数智监控的应用，可收集更多关于员工工作和个人生活的数据。

- **智能胸牌或工卡**：使用麦克风、位置传感器或加速度计等技术，收集员工的运动和位置数据。

- **员工社交媒体监控**：管理者使用它来跟踪员工的在线行为、态度和偏好，以此调整管理策略。

4.3.2 从组织层面看数字监控

随着技术和数据存储的进步，组织能够连续、随机和无选择地收集和存储大量信息，并且将这些信息与复杂的算法架构结合在一起，为组织提供了理解和评估生产力和绩效的强大工具[①]。然而，数字监控所得到的数据虽然规模大、范围广，但是并不会自动变成有效和可靠的数据

---

① RAVID D M, TOMCZAK D L, WHITE J C, et al. EPM 20/20: a review, framework, and research agenda for electronic performance monitoring [J]. Journal of Management, 2020,46(1):100-126.

源。因此，在使用监控数据时，组织需要采取系统方法识别有意义的变量和测量方法，并将数据与变量与理论联系起来。同时，从保护企业安全和员工隐私的角度出发，企业必须建立"全面数据保护"的职能①，并从企业策略和技术投入两个方面树立数据安全的屏障，特别是要通过员工培训或目标协议等工具，在组织内长期稳固地培养数据隐私和安全的责任和意识。

Gartner 最近公布的一份报告指出，未来企业的高管们将会更多地把他们的绩效评估与网络风险管理能力联系起来，因为在数智时代，一旦发生数据泄露或黑客攻击等危机，就可能导致严重的业务中断②。这份报告指出，90%的 CEO 聘用合同中将增加与风险有关的绩效要求；70%的 CEO 认为需要建立对抗风险的"韧性"文化，以应对包括网络危机等综合性风险。这些趋势都表明，**我们不能停留在用过去的思维方式来看待目前的职场和数据安全，这不仅是 IT 部门的问题，而且是整个高管团队的责任。**

---

① HOLTHAUS V, SERGAKIS G, ROHRIG L, et al. The impact of interprofessional simulation on dietetic student perception of communication, decision making, roles, and self-efficacy [J]. Topics in Clinical Nutrition, 2015, 30 (2):127 - 142.

② Gartner. Gartner 发布 2022—2023 年八大网络安全趋势预测 [EB/OL]. (2022 - 08 - 19) [2024 - 09 - 30]. https://www.gartner.com/cn/newsroom/press-releases/2022-top8-cybersecurity-trends.

由于大量数字技术被引入职场，"隐私"成为客户和员工经常挂在嘴边的一个关键议题。隐私是个人、团体或机构决定何时、如何以及在多大程度上向他人传达关于自己信息的权利①。违反这种权利被视为侵犯隐私。

在数智监控的世界里，监控级别可以像洋葱一样被分为不同的层次：组织、部门、团队和个人，隐私侵犯的程度随之增加②。监控级别的最外层，也就是最抽象的一层，是组织级别的监控，这里侵犯隐私的程度相对较低，因为组织层面的监控就像是在观察整个森林，而不是单独的树木。再往里一层，部门级别的监控稍微具体一些，但仍然很难针对个人进行推断。接着是团队或小组级别，这里的监控更加细致，侵犯隐私的可能性也随之增加。最内层，也是最私密的层次，是个人级别的监控，在这里侵犯隐私达到了顶峰，因为监控数据可以直接与个人相关联。例如，在呼叫中心的数字监控可以记录员工上厕所的次数、与同事的对话，以及电话次数及其持续时间。

随着技术的发展，数智监控在工作环境中的应用引发

---

① ALAN F. WESTIN. Privacy and freedom [M]. New York: Atheneum Publishers, 1967:77 - 82.

② GRANT R, HIGGINS C. Monitoring service workers via computer: the effect on employees, productivity, and service [J]. National Productivity Review, 1989,8(2):101 - 113.

了员工对侵犯隐私的担忧和争议。员工对于这种日益普遍的数智监控的反应不容小觑，包括压力、工作满意度、动机、信任、承诺和绩效等各个方面。因此，员工面对数智监控的体验是企业需要积极应对的管理问题。

总的来说，员工对于数智化的监控手段是不欢迎的。但企业能否在实施数智监控的同时确保员工的隐私？答案是可以的。首先，我们需要了解影响员工感受的要素。研究显示，以下三个要素会直接影响员工对数智监控和侵犯隐私的态度：①员工感知到的匿名程度；②监控的强度和控制程度；③员工感知到的安全威胁或风险。例如，当员工感觉到较高的匿名度时，他们会觉得隐私受到较低程度的侵犯[①]；当企业克制地选择监控范围，并坦诚告知员工在哪些方面会受到监控时，员工会感受到更低的隐私侵犯度[②]。当企业采取监控方式识别个体员工行为时，会导致员工对数智监控持更消极的态度[③]。此外，当员工感到外

①　AYYAGARI R, GROVER V, PURVIS R. Technostress: technological antecedents and implications [J]. MIS Quarterly, 2011,35(4):831-858.

②　MCNALL L A, STANTON J M. Private eyes are watching you: reactions to location sensing technologies [J]. Journal of Business and Psychology, 2011,26:299-309.

③　CARPENTER B, CARPENTER J, EGERTON J, et al. The engagement for learning framework: connecting with learning and evidencing progress for children with autism spectrum conditions [J]. Advances in Autism, 2016,2(1):12-23.

部有网络攻击威胁或严重的安全风险时，员工可能对企业内部的数智监控持更积极和配合的态度①。

目前企业在保护员工隐私和工作体验方面已经采取了一些可行的做法，包括：

（1）明确数智监控覆盖的监控范围和内容，通过何种技术手段、针对哪些内容进行监控，以及澄清企业与员工之间对于数据资产划分的边界②。

（2）让员工参与监控政策的制定过程，至少要在关键决议时征求员工的意见和建议③。调研表明，员工的确会在意自己的隐私，但通常采集职场的常规信息，例如，时间表、工作场所沟通或一些显性的个人信息（如性别、年龄等），则被认为是"常见做法"，员工一般是容忍和配合的④。

（3）从技术角度看，企业可以仅提供汇总数据而不是个人数据来保护员工隐私。目前常见的方法是在收集和分

---

①　WORKMAN S, JONES B D, JOCHIM A E. Information processing and policy dynamics [J]. Policy Studies Journal, 2009,37(1):75-92.

②　CHEN J V, JR P P. Employees' behavior towards surveillance technology implementation as an information assurance measure in the workplace [J]. International Journal of Management and Enterprise Development, 2008, 5 (4):497-511.

③　ALDER G S, TOMPKINS P K. Electronic performance monitoring: an organizational justice and concretive control perspective [J]. Management Communication Quarterly, 1997,10(3):259-288.

④　AYYAGARI R, GROVER V, PURVIS R. Technostress: technological antecedents and implications [J]. MIS Quarterly, 2011,35(4):831-858.

析数据的时候，将数据随机化。分析师不知道在分析中使用了谁的数据，因而最大限度地保护了个体层次数据的隐私，被企业调用的是群体层次的分析结果和信息。

关于如何使用员工数据，目前还是有争议的。由于不同国家和地区针对员工隐私的政策和社会规范不同，因此，雇主如何使用员工的数据也存在很大差异。例如，目前的研究结果显示，在构建离职预测模型时，最好的预测因素可能不是来自员工自己填答的、基于心理测量的发现，而是来自对于员工社交媒体和邮件的数据挖掘。那么，从数据的"所有权"来看，公司是否可以使用，以及如何使用员工在社交媒体上的数据？许多雇主觉得，只要使用员工的社交媒体数据就存在伦理问题；而另一些雇主则认为，使用公开的社交媒体数据是可以的，但是使用自然语言算法来跟踪电子邮件的信息，并以此为依据来解读和预测员工行为是越界的；还有人认为，只要在构建模型时数据是匿名的，任何与员工相关的数据都可以使用。再比如，员工的数据生成后会长久地存在于系统中，雇主能够无限期地使用这些数据吗？是否可以在数据创建者不知道或未预料的场景反复使用？员工是否拥有"被系统遗忘的权利"？对于这类问题，当前欧盟的《通用数据保护条例》（GDPR）规定：企业必须满足个人在一段时间后删除其数字痕迹的要求。而在很多其他国家，还没有这样的立法或者规则。

总之，企业在引入数智化工具时，要在数智监控带来的裨益与保护员工隐私之间找到平衡点①，实施要点是从战略上布局，设立责任机构并加入高管的绩效考核中，同时，增加有针对性的沟通和监控范围以及执行过程的透明度，立足于企业和员工之间的信任，通过技术和管理手段，达到监控和隐私安全之间的平衡。

4.4　算法管控的分类和员工的心理反应

4.4.1　算法管控的分类

在组织中大规模部署和应用算法监控会对未来的职场产生深刻的影响。比较表面的影响和担忧是算法监控会伤害员工隐私，并在助力提升效率的同时，引发企业裁员；而更加深入的影响则可能会将管理者、人工智能与员工之间新的互动关系嵌入组织现有的权力和社会结构中②，进

---

① WORKMAN S, JONES B D, JOCHIM A E. Information processing and policy dynamics [J]. Policy Studies Journal, 2009,37(1):75–92.

② KELLOGG K C, VALENTINE M A, CHRISTIN A. Algorithms at work: the new contested terrain of control [J]. Academy of Management Annals, 2020,14(1):366–410.

而重塑组织内部的权力动态和社会结构①。从目前人工智能算法的发展趋势看，这种新的互动关系还将通过算法的使用和数据的变化不断被重新配置和变化，其远期趋势和对组织可能的后果，我们现在还不完全清楚。那么，算法究竟如何进行管控呢？具体来说，从管理控制的角度，已知的算法监控和管理方式可以总结成六个"R"，包括算法限制（restricting）、算法推荐（recommending）、算法记录（recording）、算法评级（rating）、算法替代（replacing）以及算法奖励（rewarding）。

1）算法限制

算法通过设置边界来控制员工的选择和行动。这包括限制对某些任务、信息或决策过程的访问。通过这种方式，算法可以精确地管理员工的工作范围和决策权限，进而影响他们的工作行为和效率。"限制机制"是算法控制中的一个关键方面，不仅会影响个体员工的日常工作，也将重新塑造组织的运作和管理方式。

2）算法推荐

算法基于数据驱动的洞见，向员工提供行动或决策建

---

① SUTHERLAND W, KINDER E, WOLF C T, et al. Algorithmic management in a work context [J]. Big Data and Society, 2021, 8(2):10.

议，并引导或影响员工的行为。推荐算法通常并不是明确的指令，而是以"劝导"（nudge）的形式出现。例如，通过分析历史数据，算法可能推荐更有效的工作方法或决策，以提高效率或优化结果。"推荐"的目的在于引导员工做出符合算法预定目标的选择，但同时也会潜移默化地对员工的自主性和工作环境产生影响。

3）算法记录

算法持续监控和记录员工的工作活动和表现，为管理和评估提供详细的数据。这一机制的核心在于利用算法的数据收集和分析能力，以实现对工作流程的全面监控和评估。目前已经应用的功能包括：

（1）工作效率监控。算法记录员工完成任务的速度和效率。例如，它可能追踪工人完成特定任务所需要的时间，或者在一定时间内完成的任务数量。这个功能通常应用于评估个体和团队的工作效率。

（2）质量评估。通过对完成的任务或产出的品质进行评估，算法帮助确认工作结果符合预设的标准和质量要求。

（3）行为模式分析。通过算法分析员工的行为模式，包括工作习惯、行为偏好，以及与同事和客户的互动方式。这些信息有助于理解员工的工作风格和团队动态，以及可能的行为改进。

（4）数据驱动的决策。通过记录和分析数据，帮助管理者做出决策。通常的应用包括工作分配、性能改进措施，以及潜在的培训和发展机会。

4）算法评级

评级机制主要依赖于算法收集的关于工作效率、任务完成质量和行为模式等方面的数据来对员工的表现进行评估和评级。算法将这些绩效数据转化为具体的评级，通常比传统的人工评估更为客观和全面。算法评级机制对员工的职业发展、晋升机会和工作安排会产生重要影响。例如，评级高的员工可能会获得更好的工作机会、晋升或薪酬增加，而评级低则可能导致工作机会的减少或职业发展的停滞。

使用基于算法的评级的主要局限性在于其设计和实施可能引发关于透明度、偏见和公平性的问题，员工会对算法和计算评级的可解释性产生疑问。已有的证据表明，清晰和公平的评级可以激励员工改善表现，而如果评级被视为不公正或不透明，则可能导致士气低落和工作满意度下降。

5）算法替代

替代机制探讨了算法如何通过自动化某些任务或功能

来减少对特定技能的需求。这种机制体现了算法在工作自动化和优化中的关键作用。随着算法技术的进步，越来越多的任务可以被自动化处理，尤其是在那些重复性高、标准化程度高的工作中。这种替代功能将对劳动力市场产生深远影响，一方面为企业提供了提高生产效率和降低成本的途径，另一方面也引发了对工作岗位安全、技能重新培训和劳动力市场结构变化的广泛关注。此外，算法的替代作用还可能导致对工作质量、职场工作关系和员工福祉的考量。

6）算法奖励

算法通过分析员工的工作表现，如完成任务的速度、质量等绩效指标来确定应给予的奖励，包括奖金、晋升或其他激励措施。这种基于数据的奖励机制旨在提供一个更加客观和公平的评价标准，从而激发员工的积极性和创造性。然而，基于算法的机制也会引发一些问题，比如员工可能过度专注于那些被算法评价为高绩效的任务，而忽视了另外一些同样重要但未被算法所覆盖的工作领域。此外，对于那些算法难以准确评估的工作表现，如团队合作或创造性思考，可能会被管理者低估。

从目前的一些应用看，数智监控和管理控制确实有其优点，比如提高局部效率，更有效地规划资源，提高员工操作的安全性等；但持续的数智监控、记录和评估会增加员工的压力和焦虑，影响他们的工作满意度和组织承诺。下面我们将深入讨论员工对于数智监控的心理反应。

4.4.2　员工对于数智监控的心理反应[①]

数智监控的核心目标是激励员工努力和提高绩效，防止懒惰、盗窃等不良工作行为。但多年的研究表明，被数智监控的员工总体上对工作的满意度较低，使用数智监控手段会增加员工的压力和负面情绪，主要表现为感到工作无聊、焦虑、愤怒、疲劳、健康问题和心理紧张等症状的增加。还有些研究发现，当数字监控用于惩罚时，可能会降低工作满意度、承诺和员工感知的组织支持，并增加压力和倦怠感[②]。在组织忠诚度方面的研究表明，数智监控程度越高，员工的组织承诺就越低。数智监控的使用还会对员工对组织的信任产生负面影响。

但是，这也并非意味着这些负向关系会一成不变。例如，有研究揭示，当管理层对员工明确解释监控原因，特别是当这些原因与提高工作安全性相关时，员工的满意度

---

① KALISCHKO T, RIEDL R. Electronic performance monitoring in the digital workplace: conceptualization, review of effects and moderators, and future research opportunities [J]. Frontiers in Psychology, 2021,12(1):10.

② ADAMS I, MASTRACCI S. Police body-worn cameras: effects on officers' burnout and perceived organizational support [J]. Police Quarterly, 2019, 22(1):5 - 30.

反而会提高。此外，当员工收到数智监控发出的积极反馈时，也会对其工作满意度产生正向的影响。这说明员工如果在被数智监控的过程中能够感知到程序公正、信任和鼓励，那么这个过程未必都是负面的。此外，与员工满意度密切相关的一个变量是员工对于组织的信任。研究发现，当员工对组织有更多的信任时，他们对数智监控的态度可能更加积极。这就意味着兼顾数智监控和员工信任是"有计可施"的：如果组织内部对数智监控有透明的政策和流程，能够面向员工坦诚地沟通监控目的，以及帮助员工理解数智监控手段的原理等，这些都能够提升员工对组织的信任，也是落实数智监控的管理要点。一些研究甚至还发现，使用数智监控可以增加敬业度和员工对于程序公正的感知[1][2][3]。当前比较一致的发现是：在执行简单和重复性任务时（如数据输入），数智监控似乎对工作动机有积极

①　MCNALL L A, STANTON J M. Private eyes are watching you: reactions to location sensing technologies [J]. Journal of Business and Psychology, 2011,26:299 - 309.

②　MOORMAN R H, WELLS D L. Can electronic performance monitoring be fair? exploring relationships among monitoring characteristics, perceived fairness, and job performance [J]. Journal of Leadership & Organizational Studies, 2003,10(2):2 - 16.

③　STANTON J M, JULIAN A L. The impact of electronic monitoring on quality and quantity of performance [J]. Computers in Human Behavior, 2002,18 (1):85 - 101.

影响；但对于更复杂、创新性更强的任务，其影响仍然是不确定的。此外，当关注某个具体的绩效维度（如是否在上班时间闲逛网络）时，数智监控与绩效之间存在正相关关系，而且能够有效地将员工的注意力集中在被监控的任务上，但这可能以牺牲未被监控的任务为代价①。

由此可见，数智监控对员工动机、工作满意度、组织信任、承诺、文化以及绩效的影响是一个多维且复杂的话题，其结果受到实施方式和组织环境的影响。例如，企业文化是一个影响员工接受数智监控的重要因素。目前只有很少量的研究直接关注了企业文化和数智监控②③。这些研究指出，在个人主义文化盛行的企业，员工会对数智监控有更负面的反应，而在强调规避不确定性的企业文化里，管理者可能倾向于使用数智监控系统来减少不确定性。

因此，成功地实施数智监控需要一个综合的视角，既要考虑到监控的必要性并选择合适的监控方式，又要关注

---

① BARTELS L K, NORDSTROM C R. Examining big brother's purpose for using electronic performance monitoring [J]. Performance Improvement Quarterly, 2012, 25(2):65 - 77.

② ALDER G S. Employee reactions to electronic performance monitoring: a consequence of organizational culture [J]. The Journal of High Technology Management Research, 2001, 12(2):323 - 342.

③ PANINA D, AIELLO J R. Acceptance of electronic monitoring and its consequences in different cultural contexts: a conceptual model [J]. Journal of International Management, 2005, 11(2):269 - 292.

企业的具体情况和员工的感受和需求。既然数智监控不可避免，组织管理者就要积极思考如何趋利避害，使数智监控更多地成为促进组织发展和员工成长的工具。

4.5　数智技术应用与员工成长

4.5.1　"发展型的数智监控"

数智监控不仅被用来管控员工行为和绩效结果，也可以用来帮助员工发展技能。目前在这方面的案例积累还不是特别多，并且大多是在实验室场景里研究相对简单的任务。总体看来，"发展型数智监控"对于员工的学习和发展有建设性的作用，主要表现为能够通过即时的反馈帮助员工理解自己的优点和不足之处，了解自己需要什么样的培训，并随着时间的推移有序地帮助员工提高技能或改善绩效。与那种只跟绩效结果挂钩的监控不同，"发展型数智监控"更多地依赖于员工想要学习新技能或提高现有技能的愿望。有研究证据表明，"发展型数智监控"与员工更积极的工作态度有关。聚焦技能提升的数智监控与员工的工作满意度和组织承诺正相关。在另一项研究中，当参与者被告知他们的表现将因技能学习和发展原因而被追踪时，他们对绩效反馈的满意度更高，并认为数智监控提供的反馈更公平。这些研究表明，出于发展目的，数智监控可能会向员工传递一个信息：他们的组织想要支持他们的成长，这种支持反过来又激发了员工更积极的工作态度[①]。

4.5.2　数智技术发展与员工职业生涯发展

数智技术的广泛应用使得某些管理和专业角色变得不再必要，同时促发了更多新的工作需求和技能需求，这不仅导致了组织结构的扁平化，也促使员工重新思考他们的角色，并关注自身的职业生涯管理。这个话题涉及数智化赋能员工、员工的态度转变和员工的职业辅导等多个方面。

在数智技术重塑组织管理的过程中，人与工作环境的匹配（person-environment fit）以及人力资源实践对职业可持续性的影响成为关键议题。研究显示，数智技术有助于缩小低技能和高技能员工之间的生产率差距，也就是说，低技能的员工在数智工具的辅助下，可以快速提升工作效率和质量。在人机互动和人机协同的大趋势下，员工学习新技术的驱动力会对员工自身的职业发展产生积极影响，企业也可以从这个角度辅助员工成长。例如，从2013

① WELLS D L, MOORMAN R H, WERNER J M. The impact of the perceived purpose of electronic performance monitoring on an array of attitudinal variables [J]. Human Resource Development Quarterly, 2007,18(1):121-138.

年起，IBM 通过一款名为 Blue Match 的软件向所有员工提供服务，帮助他们检查自己的资格与公司内部职位空缺的匹配度，并提出职业发展建议，例如，帮助员工预测如果他们转岗到公司的其他部门，有多大可能会晋升等。为了做到这一步，公司整合了员工在体系内部的多种数据，包括兴趣、以前的工作和培训经历，并通过算法总结员工过去工作中驱动成功的特征和行为等。2018 年，公司有 27％的员工根据 Blue Match 软件的建议在内部更换了工作。这种策略还改变了 IBM 人力资源部门的工作方式，即不再局限于寻找合格的新候选人来填补固定的角色，而是通过算法筛选出已经具备匹配技能的现有员工，然后对他们重新进行人岗匹配。通过这种方式，IBM 声称已重新分配其即将关闭业务部门中 80％的员工，使其不必被解雇。

随着技术的发展，很多传统岗位的稳定性受到挑战，技能更新成为公司人力资源管理体系的核心任务之一。如何能够帮助更多员工提升技能并顺利转型？目前有很多学者和企业管理者都在思考对策。斯坦福大学人工智能研究所的埃里克·布林约尔松（Erik Brynjólfsson）教授建议要善于利用不同岗位之间存在的技能重叠，例如，会计师经过适当的网络知识培训后，能够转型成为相关方面的数智监控专家。布林约尔松及其在斯坦福大学数字经济实验室的同事们利用人工智能分析了数百万个职位发布，以识别不同职位之间的技能差距，找到技能相近的领域，这有助于企业通过重新培训团队成员来满足未来工作的需求。同时，世界经济论坛（World Economic Forum）发布的《2023 年未来就业报告》预测，到 2027 年，将有 60％的员工需要接受额外培训，优先培训的领域是分析思维。报告强调，技术相关职位，尤其是人工智能和机器学习专家，将经历最快速的增长。领英的研究为该报告提供了支持并识别出在过去 4 年里增长最快、最持久且最具全球性的100 个"正在上升的工作"，其中，16 个职位与技术和 IT 有关。因此，传统岗位技能＋数智技术的组合型培训会成为下一步技能培训的重点。

此外，一个长期导向的、注重技能发展的文化能够让公司及其员工最大限度地从数智化转型中受益。一家著名事务所的合伙人表示："我们会和员工坐下来讨论，'在下一个季度，你想要发展哪些技能？'这是我们和员工常规对话的一部分。"还有很多企业在人力资源主管的推动下打造了员工学习资源平台，例如 IBM 的 Skill Gateway，员工可以在平台上选择技能并参加课程，以便在新的领域学习和成长。完成课程的员工将获得虚拟徽章，以表示对

他们新获取知识的认证，而且这种技能的认证还可以在
IBM 之外的劳动力市场使用。

从员工的角度看，在引入人工智能等数智技术时，必
须考虑到员工对数智技术的态度，他们当前可用的技能，
以及他们对企业和技术应用的信任。企业应提供必要的培
训，指导员工将现有的能力与数智化转型相结合，以增强
员工的信心和人机协作的能力。企业还应识别和激励那些
适应变化快、学习能力强的员工来带动正向的组织氛围，
聚焦信任和员工发展。同时，企业需要积极探索如何在组
织中更有效地利用数智技术减轻员工的工作疲劳与情绪倦
怠，打造可持续的健康职场。

4.5.3　如何落地：融入员工视角的数智监控系统

综上所述，我们提倡在设计数智监控系统时，应该融
入员工的视角。图 4-1 概述了数智监控设计的框架，包含
了"构建"和"评估"两个设计阶段，其中，构建阶段
（左边）包括了监控技术、程度、类型等要素，评估阶段
（右边）则是一些常见的与员工相关的评估指标，中间的
系统则涉及系统实施的情境。该图总结了本章提到的一些
数智化系统涉及的要点，特别强调了员工的感受，为企业
设计电子监控体系提供了一些新的视角。

随着数智技术在职场的广泛应用，数智监控及其对职

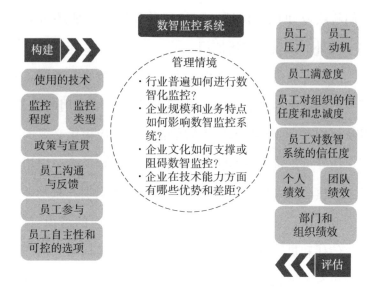

图 4-1　数智监控设计的框架

资料来源：作者根据公开资料整理。

场和员工的影响将持续成为一个充满争议的话题。目前的研究表明，数智监控是一把双刃剑。一方面，数智监控促进了现代版的"泰勒主义"和官僚机制，让员工屈从于管理层的权威，加大了管理层和员工之间的权力差异，员工可以被更加随意地解雇。因此，数智监控甚至可能被管理层用作恐吓员工的工具。此外，数智监控也可以被用来跟踪和控制个人行为，侵犯员工隐私，伤害组织和员工之间的信任。另一方面，数智监控可以为工作场所带来积极的变化。例如，通过数智监控可以及时发现职场安全问题，保护员工健康和工作环境。此外，数智监控可以减少对一线主管和中层管理人员的需求，直接在高层管理者和员工之间建立联系，使组织更加扁平；数智监控也可以用来赋能员工观察和追踪自己的表现，员工可以通过这个方式增强自己的学习和反思能力；数智监控还可以用来分析和评估培训需求，更好地管理员工的技能发展。

　　沿着这两个方向看数智化的发展趋势，我们面临两条发展路径。第一条路径是技术设计者和实施者推动工作的广泛自动化和算法监控，目的是替代人力，仅留下无法由技术完成的"残留"任务给人类。这种发展模式导致技术系统变得对人类越来越不透明，使得人类在必要时无法有效干预，并使员工感到自己的工作缺乏意义。相反，在第二条路径上，我们会看到技术发展作为提高效率的工具，释放了更多的资源，并促进了信息和技能的广泛传播，导致权力下放。分权和激励资源的合理分配会增强基层的积极性和自主决策能力，从而促进了创新。将自主性和激励相结合，不仅将推动技术进步，也为商业繁荣奠定了基础。在这种模式下，技术不是取代人和监控人，而是赋能于人，让人们能够更有效地利用自己的技能，迸发出创造力。我们希望，企业在实施数智监控的时候，应尽量争取走通第二条路。

第 5 章

数智时代的零工平台与人力资源管理

　　数字平台（以下简称平台）的兴起催生了零工经济，在这种新型体系中，平台公司通过数智技术将服务需求方与务工者连接起来，但并没有和劳动者建立正式的雇佣关系。这给人力资源管理提出了新的命题和挑战：如何在平台背景下理解劳动者与平台之间的关系？平台的人力资源管理责任由谁来承担？如何激励和保留平台劳动者？如何对平台务工者进行绩效评估与管理？平台劳动者的学习和能力发展如何解决？

　　本章首先讨论了平台上的非典型雇佣关系，以及平台上人力资源管理各个模块的运作和价值。这些活动受到平台生态系统生命周期、零工供需状况等因素的影响，需要平台公司承担领导角色，确保生态系统参与者之间的协调。其次，从务工者的角度剖析，指出所谓的平台"灵活用工"并没有给务工者太多的自主权，从而引出了务工者与平台之间的种种博弈和应对。最后，讨论了平台作为生态的可持续发展模式。

　　平台的管理涉及多方利益和策略的平衡，是一个复杂的多方互动过程。关于平台的管理问题很多都还在探索中，不但缺少成熟的理论框架，而且在不同国家和地区因为法律和法规的差异性，有很多变化。但是，随着数智技术的发展，平台上的人力资源管理是我们必须面对的课题。本章的这些议题旨在引发读者对于平台上人力资源管理的更多讨论，因为这些问题不仅涉及管理实践和经济价值，也涉及务工者的切身利益和福祉。

5.1　平台上的雇佣关系

5.1.1　平台与"零工经济"

数智技术的发展催生了由中介平台公司组成的经济体系，即"零工经济"（gig economy）。中介平台公司（如优步、Deliveroo、Upwork、滴滴、美团等）将需要服务的客户和提供服务的自雇人士，如司机、清洁工、维修工人、程序员等连接起来。因此，零工经济可以被视为由中介平台公司、服务需求方和零工工作者组成的雇佣关系的系统。零工工作者按需为公司或消费者提供固定期限的服务，其间个人并不实际受雇于任何组织或与之建立雇佣关系[1][2]。

传统人力资源管理关注的是雇员和雇主之间的关系，

---

① KUHN K M. The rise of the "gig economy" and implications for understanding work and workers [J]. Industrial and Organizational Psychology, 2016,9(1):157 – 162.

② JANSEN G. Farewell to the rightist self-employed? "new self-employment" and political alignments [J]. Acta Politica, 2017,52:306 – 338.

但在零工经济中，平台公司不直接雇用这些零工工人，而这些员工也没有固定的雇主，因此，雇佣关系往往是不明确的。尽管如此，平台公司仍然需要进行各种人力资源管理活动。例如，平台通过算法进行绩效管理，当客户对零工工人的负面评价达到一定程度时，可能导致工人无法接单（类似于传统意义上的"解雇"）。在工作设计方面，平台既要通过算法控制"零工"，又要给他们一些自主权。这种情况给人力资源管理者们提出了很多新的问题，例如，如何在平台的背景下理解雇佣关系和人力资源管理活动？没有正式的雇佣关系，如何激励和保留"零工"？线上平台和数字技术如何改变工作结构、工作边界和就业机会？平台上劳动力供需匹配如何进行？务工者的技能如何提升？谁应该投资于员工培训？随着平台组织的发展，研究问题还涉及数字化背景下雇主、员工和客户权力动态的变化、市场对平台模型的抵制等更复杂的问题。此外，政策制定者和管理者们还需要解决工作保障和社会公平方面的议题。这些都为平台上新型雇佣关系的研究和管理带来了更多新方向。

在平台上，人力资源管理的责任由零工工人、客户（服务需求方）和中介平台共同承担，而非仅仅由人力资源工作者来承担。人力资源管理活动的实施涉及多方利益和策略的平衡，需要平台各方考虑到各种潜在的动态和互动效应。表 5-1 总结了平台上各方参与人力资源管理的关键动作。

图 5-1　平台上各方在进行人力资源管理方面的关键动作

零工工作者参与人力资源管理的关键动作	客户（服务需求方）参与人力资源管理的关键动作	中介平台公司参与人力资源管理的关键动作
（1）进行绩效评估，确保行为不当的服务需求者被驱逐出平台生态系统。 （2）招募新的零工（通过推荐计划），增加生态系统中的劳动力供应。 （3）对零工工作者进行培训，确保为需求者提供高质量的服务。 （4）实时响应算法激励措施，投入时间并满足要求，促进用户长期使用平台	（1）评估零工工人，识别表现不佳的工人。 （2）通过在线劳务平台提出用工需求，增强中介平台公司的劳动力规划活动。 （3）通过移动应用程序补偿零工工人，确保中介平台能够获得服务需求方支付的部分费用（因为服务需求方可能会通过直接接触零工工人来绕过平台）	（1）通过开发在线评级计划为服务需求方和零工工作者分享绩效反馈信息。 （2）提供奖励（例如，包括通过在线平台提供小费/小费的可能性）。 （3）允许零工工作者和服务需求方通过应用程序相互提供反馈来促进学习和发展

资料来源：作者根据公开资料整理。

5.1.2　平台上的算法与人力资源管理挑战

"零工"雇佣与传统非正式雇佣在多个方面相似：缺乏长期工作稳定性，工作时间和地点灵活，以项目为基础的工作安排，以及根据完成的工作或任务来支付报酬。然而，零工与传统非正式工作的显著区别在于，其雇佣关系是以平台为中介的。平台上的人力资源管理职能更加分散并高度依赖算法，在这种模式下，大量的人力决策是算法自动做出的，而无须人力资源经理的干预，人员运营方面的很多任务被平台算法所替代[①]，而平台也希望通过算法更有效地控制效率和成本。

目前在平台上的人力资源管理算法基本可以分成三类：

（1）描述性人力资源管理算法。这一算法可帮助决策者整合来自各种信息源的数据，提取和分析平台工作者数据，完成描述性的统计分析（均值、分布、相关性等），还可以描述工作者的绩效、出勤情况和性格特征等。

（2）预测性人力资源管理算法。这一算法包括更"高级"的回归分析、机器学习算法，以及数据挖掘技术等，有一定的预测性。该算法可以在务工者甄选（如候选人潜力分析）、劳动力计划（如预测离职可能性），或是绩效管理（如预测未来绩效）等方面为人力资源决策者提供帮助。

（3）人力资源算法解决方案。基于情景模拟等技术，提供不同情境下的工作指引和解决方案。例如，根据甄选

①　NEWLANDS G, LUTZ C, TAMÒ-LARRIEUX A, et al. Innovation under pressure: implications for data privacy during the COVID - 19 pandemic [J]. Big Data & Society, 2020,7(2):5 - 7.

算法的建议决定是否招募或晋升某一候选人。管理者可以决定是否采纳该建议。

有了这些不同类型的算法辅助，平台上的人力资源管理是否就更"简单"呢？恰恰相反，平台上的人力资源管理复杂度比传统企业更高。

首先，平台上很多工作都需要远程接入与管理，使得平台上的雇佣关系在质量控制、流程管理、沟通协调、信息安全、支付方式和标准等方面的管理复杂度更高，需要的管理资源更多，还有很多隐性的成本。

其次，平台的零工评价体系能否作为有效的绩效衡量标准也值得探讨，其原因是多方博弈造成的。例如，服务需求方可能会由于任务不明确，或是出于担心低评价会对务工者造成其他影响，而不愿意如实评价工作质量，这可能导致不合格的工作却依然获得良好的反馈。

最后，随着组织边界的打开，出现了越来越多传统的雇员和平台派遣的零工工作者一起工作的场景，这会带来很多不同群体之间由于身份认同和组织边界导致的管理挑战。比如零工工作者可能会受到各种排斥和歧视，或者很难融入传统组织中的工作团队。混合工作团队（正式雇员与零工工作者相结合）会经常面临同工不同酬的问题，进而激发正式员工和零工工作者之间的矛盾。

这些因素表明，仅仅依赖算法是远远不能应对平台上的人力资源挑战的。平台上的人力资源管理是一个复杂的多方互动过程，其有效性受到多种因素的影响，包括平台的生命周期、对于务工者的供应情况、服务需求方的管理质量等多方策略和博弈。平台组织上的雇佣关系还是一个比较新的课题，我们还需要进一步探索平台上人力资源管理如何能为平台、服务需求方和劳动者们创造价值。

5.2　平台生态与人力资源管理的价值

5.2.1　锁定效应和关系效应

平台生态系统如何通过人力资源管理活动控制和促进平台上的多边交流，以及这些人力资源管理活动如何帮助平台创造经济和社会价值？目前的研究表明，平台公司的人力资源管理活动主要通过**产生锁定效应**和**促进持久关系**两种方式影响生态系统：

锁定效应可以有效地锁定零工和客户（请求者），确保他们持续参与平台的多边交流，从而有效地增强了他们对当前平台的依赖性。这种锁定效应的一个典型例子是绩效评估系统，它使得零工工作者和客户难以将他们在某一平台上建立的线上积分或信用转移到另一个平台，从而加强了他们对当前平台的忠诚度①。此外，严格的算法任务分配机制也能促使零工工作者学习并发展所谓的"平台特定技能"，即那些能使他们在特定平台收益最大化的必备技能。这些技能的发展不仅提高了零工工作者在特定平台上的工作效率，也加深了他们对该平台的依赖。总的来说，促进锁定效应的人力资源管理活动有三个目的：提升平台的运营效率，维护平台生态系统的稳定性，确保务工者和客户的持续参与。

关系效应讲的是人力资源管理活动可以通过构建和维系多边关系，为整个系统增加价值。例如，设计薪酬和劳动力管理策略，将更高价值的任务分配给表现出色的务工者，这样可以激励他们并使其保持对平台的忠诚。同时，高质量的务工者还会被算法推荐给那些与平台生态系统缔结过更长期关系的商家或服务需求者，在提高零工工人的工作动力和提升客户体验方面起到了双重作用，达成了既奖励高绩效务工者，又提升客户满意度的**双边维系策略**，可谓一石二鸟。进一步看，通过这种方式，平台不仅能保持现有的高效劳动力，还能吸引更多优秀务工者和商家加

---

① KUHN K M, MALEKI A. Micro-entrepreneurs, dependent contractors, and instaserfs: understanding online labor platform workforces [J]. Academy of Management Perspectives, 2017, 31(3):183 - 200.

入，进一步推动了平台生态系统的可持续发展。

5.2.2　平台上的人力资源管理模块

经典的人力资源管理大多强调围绕业务战略和雇佣关系来实施人力资源管理活动①，这些活动从战略规划出发，形成人力资源管理的体系，并落实到组织和个人绩效以及员工的敬业度上②。根据社会交换理论③和诱因—贡献模型④，人力资源管理活动，如薪酬和福利、绩效反馈和培训，都是雇主提供的"诱因"，希望员工按照组织的期望努力，并在实现组织目标后得到回报⑤⑥。与此同时，员工会把人力资源管理活动视为雇主传递给员工的一种信号，这种信号会牵引员工的行为。雇主也通过这些活动来明晰

① NISHII L H, WRIGHT P M. Variability within organizations: implications for strategic human resource management [EB/OL]. (2007 - 01 - 01) [2023 - 12 - 19]. https://ecommons.cornell.edu/items/3ab05ba3-799a-418a-8497-2dec2457e658.

② GUEST D E, BOS-NEHLES, CHRISTINA A. HRM and performance: achievements and challenges [M]. Chichester: Wiley-Blackwell, 2013:79 - 96.

③ BLAU P M. Justice in social exchange [J]. Sociological Inquiry, 1964,34 (2):193 - 206.

④ MARCH J G, SIMON H A. Organizations [M]. New York: Wiley, 1958:262.

⑤ TSUI A S, PEARCE J L, PORTER L W, et al. Alternative approaches to the employee-organization relationship: does investment in employees pay off? [J]. Academy of Management Journal, 1997,40(5):1089 - 1121.

⑥ LEPAK D P, SNELL S A. The human resource architecture: toward a theory of human capital allocation and development [J]. Academy of Management Review, 1999,24(1):31 - 48.

他们希望与员工之间建立怎样的工作关系①。

　　相对于传统意义上的雇员，平台务工者的工作性质更具有两面性。一方面，他们的工作具有一定程度的自主权和灵活性，他们有权"选择"工作，并且能够同时参与多个平台的项目。这些都能在一定程度上给务工者们带来自我赋权的感觉、创业的满足感，以及一定的时间灵活度，甚至生活工作平衡②③。而另一方面，这种"自主性"的代价是工作和收入的不确定性④：务工者必须承担一部分在传统意义上由雇主承担的市场风险，例如，市场和平台业务的供需变化。在一些国家，平台务工者无法享受常规劳动合同的法律和行政保护。因此，尽管平台务工者看似独立，但其"自主性"可能只是表面现象。事实上，很多平

　　① BOWEN D E, OSTROFF C. Understanding HRM-firm performance linkages: the role of the "strength" of the HRM system [J]. Academy of Management Review, 2004,29(2):203-221.

　　② ROSENBLAT A, STARK L. Algorithmic labor and information asymmetries: a case study of Uber's drivers [J]. International Journal of Communication, 2016,10:27.

　　③ URSULA H, NEIL S, SIMON J. Crowd work in Europe: preliminary results from a survey in the UK, Sweden, Germany, Austria and the Netherlands [EB/OL]. (2016-12-02)[2023-12-22]. https://uhra. herts. ac. uk/bitstream/handle/2299/21934/crowd _ work _ in _ europe _ draft _ report _ last _ version. pdf?sequence=1.

　　④ SUNDARARAJAN A. The sharing economy: the end of employment and the rise of crowd-based capitalism [M]. Cambridge: MIT Press, 2017:45-52.

台上的算法对这些务工者的每一次操作都进行了严格的控制，这种控制程度并不亚于企业内部对传统雇员的管控，且算法控制直接影响着务工者的收入。因此，尽管媒体经常为平台工作增添很多"创业色彩"，我们仍然需要对这些平台工作者的自主性与控制权之间的复杂关系进行深入观察和研究。同时，需要关注这种工作形式中存在的潜在不平等，并思考和制定相应的管理举措，以确保平台务工者的权益和福祉得到妥善保护。

如前所述，零工经济中的独立务工者（independent contractor）① 的独特身份，以及平台通过算法管理工作的"客观"属性，弱化了传统人力资源管理实践（如维护组织承诺、非物质激励、调和雇佣关系等）的适用性。那么，平台上的人力资源管理如何确保平台劳动力的供给，以及以最低成本维持最大化的劳动力在线时间？又如何促进平台务工者的敬业度和福祉？以下我们尝试围绕这些话题做一些讨论。

首先，我们需要从一个生态而非传统组织的视角，来审视平台经济中的人力资源管理。生态系统是指一组相互

---

① MCKEOWN T. A consilience framework: revealing hidden features of the independent contractor [J]. Journal of Management & Organization, 2016, 22 (6): 779 - 796.

作用但拥有较大自主权的主体，它们之间有动态的依赖间

关系①②。简而概之，当前大多数平台包括零工工作者、服

务请求者和中介平台公司三大构成部分（见图 5 - 2）。因

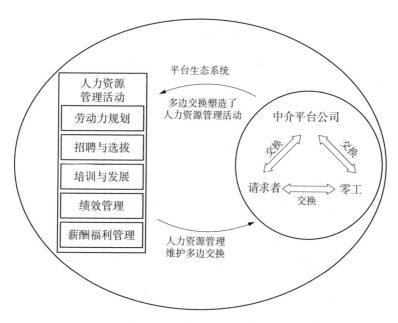

图 5 - 2　零工经济中的人力资源管理框架与平台生态系统

资料来源：BREIDBACH C F, BRODIE R J. Engagement platforms in the sharing economy: conceptual foundations and research directions [J]. Journal of Service Theory and Practice, 2017, 27(4): 761 - 777.

①　WAREHAM J, FOX P B, GINER J L C. Technology Ecosystem Governance [J]. Organization Science, 2014, 25(4), 1195 - 1215.

②　BREIDBACH C F, BRODIE R J. Engagement Platforms in the Sharing Economy: conceptual Foundations and Research Directions [J]. Journal of Service Theory and Practice, 2017, 27(4): 761 - 777.

此，平台上的人力资源管理需要综合考虑劳动提供者（即零工工作者）、劳动需求者（即服务请求者）以及劳动力供需匹配者（即中介平台公司）之间的相互依存性、多方形态和互动模式。

生态系统最重要的特征就是"互补"：即生态内部某一方的活动在没有其他方参与的情况下无法发挥其应有的作用。生态系统内部各方之间需要多边交流、相互协调与控制，并相互依存。只有当所有参与者持续进行交流时，才能为每个生态系统的参与者创造价值①。为了实现这一目标，平台公司需要承担"领导角色"，以确保生态系统参与者之间的协调②。这使得平台生态系统成为一个"半监管的市场"，在这样的市场中，半自治的参与者（如零工工作者和服务请求者）在中介平台公司的指导下，供应或需求劳动力。目前，关于平台公司如何有效发挥其领导作用，以及如何实施控制和激励的理论、工具和方法，都处于不断研讨和积累的过程中。这些探索也不断刷新着我们对于平台经济中人力资源管理的理解。

---

① ADNER R. Ecosystem as structure: an actionable construct for strategy [J]. Journal of Management, 2017, 43(1): 39 - 58.

② GAWER A. Platform leadership: how Intel, Microsoft, and Cisco drive industry innovation [EB/OL]. (2002 - 06 - 24) [2023 - 11 - 27]. https://hbswk. hbs. edu/archive/platform-leadership-how-intel-microsoft-and-cisco-drive-industry-innovation-do-you-have-platform-leadership.

在平台生态系统中,人力资源管理者的作用是什么呢?我们认为人力资源管理者最重要的作用依然是**控制和协调平台参与者的行为**[①],特别是设计和实施一系列的人力资源管理活动,控制和激励零工工作者、服务需求方和中介平台公司的行为,维系和活跃他们之间的多边交流,进而激发这些参与者共同创造价值。从这个意义上讲,零工经济中的人力资源管理不仅是必需的,而且还从管理员工扩展到管理所有的生态系统参与者。此外,一个实践层面的问题在于,哪些人力资源活动可以控制和激发多边交流者的行为,满足他们的需求和利益,从而维护和激发他们持续的价值创造活动?为了回答这一问题,我们首先需要理解平台上一些基本的实践及其目的。

1) 平台上的劳动力规划

与传统的人力资源管理场景相比,劳动力规划在平台上的含义有所变化。传统意义上的劳动力规划是企业为了满足未来人力需求以及筹划人力成本而进行的计划工作。而在平台上,劳动力规划的目标是通过匹配劳动力的供需,增加使用平台的客户和零工数量,扩大规模,创造网

---

① JACKSON S M, HILLARD A L, SCHNEIDER T R. Using implicit bias training to improve attitudes toward women in STEM [J]. Social Psychology of Education, 2014,17:419 – 438.

络效应。

从平台的角度，实现这些目标的方法有很多，比如在需求高峰期提高价格，进行营销活动，对客户提供优惠，或在新区域运营时给零工提供更高的补偿。从整体生态系统的角度看，这些活动如果能够生效，就会为所有参与者创造价值：零工工人因为有更多客户而可能获得更高的收入；客户则因为有足够的零工供应而能更方便地外包工作；同时，中介平台也会从中受益，因为它们通过零工和客户之间的交易收取费用，而且交易的增长会推动平台的增长，帮助平台在市场上获得主导地位。

2）招聘和选拔

在平台上，招聘和选拔工作需要保证劳动力的供给和服务需求这两端供需的匹配，特别是像美团、饿了么、Uber Eats、Deliveroo 这样的中介平台。平台（如 Deliveroo 和 Uber Eats）通过社交媒体和网站（如脸书、谷歌和 Instagram）招募，这些招募渠道的目标群体多是半工半读的学生和个体工作者。平台同时为外卖员提供统一制服和装备（如方便运输食物的保温袋等），建立外卖员和消费者们对平台的品牌意识。同时，这些平台都有内部推荐计划，成功推荐新外卖员加入会有高额奖金。

在甄选方面，平台会通过视频指导有兴趣申请外卖员岗位的人完成身份认证程序，以及如何获取送货装备。
Uber Eats 会要求外卖员完成一个简短的测试，只要正确
回答 75% 的问题即可通过，且有无限次填答机会。这些测
试的主要内容是如何使用平台 App、如何评估服务等管理
制度相关问题。此项管理实践在"招聘"的同时，也对外
卖员进行了最基本的"培训"，以此稳定平台的人员供应
和质量。

　　这些人力资源管理举措的目标是吸引尽可能多的零工
和客户，以此来产生网络效应，进而增强平台的吸引力和
竞争力。劳动力供需错配对平台生态系统是有害的，因为
这可能会导致零工或服务需求方在平台生态系统的劳动力
供求不平衡时离开平台。但是，网络效应最大化和匹配劳
动力供需的需要并不意味着中介平台公司允许任何人都进
入平台生态系统。相反，在某些情况下，严格甄选，保证
**零工工作者和服务需求方之间的匹配才能不断优化平台上
多边价值的创造**。这意味着平台公司需要设计和实施有效
的筛选机制和质量控制流程，力求平台上的每位参与者都
能为整个生态系统带来正面的贡献。

　　这种匹配的严谨程度也是根据劳动力供需情况而变化
的。例如，当零工数量供大于求的时候，在线工作平台
Clickworker.com 会根据零工的资质等级为这些工人匹配

符合资质的任务①。在零工供不应求的时候，面向零工的招聘和甄选工作就没有太多门槛，而甄选工作则更多面向服务的请求者，例如在 Uber Eats 或 Deliveroo 等平台上寻求零工送餐的餐厅。这是因为送餐工作本身比较简单，从零工方面加强甄选不会创造更多的价值。在这种场景下，价值创造点在于餐厅能否为个人消费者提供差异化和高质量的膳食。为了增加平台的竞争力，Deliveroo 甚至选择了几位顶级厨师，并支持他们开设有特色的外卖餐厅，以使菜单组合更丰富，并提高餐食质量②。

3）培训与发展

传统的雇佣关系会在企业内部为员工提供培训和职业发展的机会，而平台上的务工者们则需要自行投资于自己的技能提升，并为个人发展负责。随着平台之间的竞争加剧，平台企业需要保证在平台上有足够高质量的劳动力供应和活跃的多边交流，但是因为雇佣关系是模糊的，平台通常会通过第三方进行务工者培训。例如，在纽约市，优步平台通过工会向表现不佳的出租车司机提供培训课程，

---

① NAKATSU R T, GROSSMAN E B, IACOVOU C L. A taxonomy of crowdsourcing based on task complexity [J]. Journal of Information Science, 2014,40(6):823 - 834.

② LIEMAN R. Uber voor alles [M]. Amsterdam: Business Contact, 2018: 7 - 9.

以保证务工者的服务质量，避免服务的请求者离开生态系统[①]。一些中介平台公司也会为务工者们提供一定程度的培训和发展支持：优步的司机会得到有关如何提高乘客评分和收入的指导[②]；Uber Eats 除了甄选期的测试和应用操作指导视频外，也会给送餐员进行培训；Deliveroo 会给送餐员提供一些基本培训（类似于新员工的入职培训），以及一些和送餐工作相关或无关的研讨会（如烹饪课、演讲技巧、车辆修理等)[③]。但总的来说，目前能力发展主要被视为务工者自己的责任。

除了培训零工工人外，中介平台公司还培训和培养服务的请求者。例如，送餐平台会指导餐厅（生态中的服务请求者）使用算法提升效率，确保饭菜按时准备好，这样零工工人就不会浪费时间在餐厅等待。从生态系统的角度来看，这些培训很重要，因为浪费零工的时间会

① SAYLOR J F. Autonomous vehicles and the future of transit for individuals with disabilities [J]. University of Pennsylvania Journal of Law and Social Change, 2021, 25:189.

② ROSENBLAT A, STARK L. Algorithmic labor and information asymmetries: a case study of Uber's drivers [J]. International Journal of Communication, 2016, 10:27.

③ MEIJERINK J, KEEGAN A, BONDAROUK T. Having their cake and eating it too? online labor platforms and human resource management as a case of institutional complexity [J]. The International Journal of Human Resource Management, 2021, 32(19):4016 – 4052.

减损他们在平台上的收入和价值贡献，进而降低整个平台的产出。

4）绩效管理

在大多数情况下，平台通过设置绩效级别，并使用服务需求的反馈来评估平台务工者的绩效。以 Deliveroo 和 Uber Eats 等餐饮配送平台为例，外卖员的评价指标主要包括：①工人实际参与送餐单数；②延迟或取消的比例；③高峰时段参与送餐单数等。消费者和餐厅会用"赞"和"贬"这样的评价方式对外卖员的服务进行评估。不满意的顾客和餐厅可以具体提出送餐员在哪些方面需要改进。另一方面，Deliveroo 和 Uber Eats 并不会因为餐厅取消订单而惩罚送餐员，但是送餐员的订单取消率会影响平台对于餐厅的评级，进而影响后续合作。餐厅的订单完成数和准备餐品的速度是评价餐厅的关键指标。餐厅的评级会直接影响顾客是否能在平台上很容易地找到这家餐厅。类似地，优步、Lyft 和滴滴等平台都使用评级系统，主要是以星级评定标准征求用户的反馈。

这些绩效管理活动至少以两种方式促进了持续的多边交流。首先，星级评定通常反映了零工工作者的在线声誉，这使零工工作者在生态系统中被"锁定"，因为零工工作者通常无法将他们的在线积分和荣誉等"带"到另一个平台生态系统①。而由于他们的声誉是在这一平台的重要个人资产，这种锁定效应会增加零工工作者对特定平台的忠诚度。其次，绩效评级应确保零工工作者为服务需求者创造价值，因为这些评级被用于分配未来的"零工"或作为拒绝访问平台生态系统的基础②。在人力资源管理方面，拒绝访问该平台可以类比为"解雇"。例如，一方面，网约车平台可以根据顾客的反馈对司机做出终止决定；另一方面，零工工作者也会评估服务需求方，比如，司机被要求通过在线应用程序分享他们对约车客户的了解。优步最近申请了一项专利，使用人工智能技术来评估网约车客户何时饮酒过量，方法是检测他们因喝醉而输入错别字的可能性，以及他们拿手机的姿势。中介平台公司可以将这些信息与零工工作者对客户行为的评估一起进行综合评估，并将特别挑剔或者不礼貌的客户驱逐出平台。这种双向评价机制有助于维护生态系统中的秩序和安全性，同时保证零工工作者和客户都能从中受益。

---

① LEE M K, KUSBIT D, METSKY E, Dabbish L. Working with machines: the impact of algorithmic and data-driven management on human workers [EB/OL]. (2015 - 04 - 18) [2024 - 03 - 04]. https://dl.acm.org/doi/10.1145/2702123.2702548.

② ROSENBLAT A, LEVY K E C, BAROCAS S, et al. Discriminating tastes: Uber's customer ratings as vehicles for workplace discrimination [J]. Policy & Internet, 2017,9(3):256 - 279.

5）薪酬与福利

在平台上，薪酬和福利的管理方式与传统职业有所不同。客户（服务需求者）支付费用给中介平台，以换取零工工人提供的服务。中介平台从这些费用中抽取一部分作为其服务费，剩余部分则支付给零工工人。这种薪酬通常是基于短期的经济激励，与零工工人完成的具体任务直接相关。例如，在 Amazon Mechanical Turk 平台上，工人可能会通过完成简单任务如标记照片或数据输入而获得少量的报酬。在某些情况下，如果客户认为零工的表现未达到标准，他们可以选择不支付费用。这种所谓的"托管服务"机制，让客户在支付前验证服务质量。同时，对于零工来说，重要的是感觉到他们的工作得到了公平的报酬，以保持他们对平台的参与和对生态系统的贡献。此外，有些平台如 Upwork 提供了支付保护，确保在满足特定条件的情况下，务工者能得到报酬。

平台上的薪酬是短期导向的，也是动态变化的。在 Deliveroo 和 Uber Eats 这两个送餐平台上，薪酬与激励制度完全由平台制定，且这些制度会根据平台上的需求变化而动态调整，送餐员没有任何议价权。以 Deliveroo 为例，送餐员每次送餐的固定报酬为 5 欧元。而 Uber Eats 除了固定报酬外，还会根据送餐距离支付额外的距离费（例如，3.7

欧＋0.8 欧×公里数）。当需求超过供给时（比如晚餐时段），平台会提供额外的奖励以吸引更多的送餐员。例如，Deliveroo 在晚餐时段可能将固定报酬提高到 7 欧元，而Uber Eats 则可能在高峰时段提供类似"小时工资"的激励。这些制度都可以通过额外的激励策略，来调控送餐员的工作行为与工作偏好。除了通过薪酬激励制度调控劳动力供给外，Deliveroo 会与送餐员约定固定的工作时段。为避免非高峰时段劳动力供应过剩问题，Deliveroo 限制了能接到送餐订单需求的最大送餐员数量。送餐员只有在与平台约定的工作时段，才能收到订单。除此之外，平台还会为以往评价好的送餐员提供额外奖励，这些奖励包括且不限于工作时段签约的优先权等。平台也会控制高峰时段可送餐服务的地理范围，以保证餐食的准时送达率，同时减轻送餐员的压力。

在福利方面，中介平台公司有时会将一些福利外包给第三方服务供应商，例如，协助零工处理税务和工资管理。同时，一些平台也会鼓励客户向零工提供额外福利，例如，在 Deliveroo、滴滴和美团等生态系统中，餐厅可能会向零工提供优惠券和折扣以奖励他们的积极贡献。这样的安排有助于提高零工的工作满意度，同时也为平台维持稳定的劳动力供应。

综上所述，在平台上，生态系统中的各方通过各自的角色和活动，共同维护并促进平台系统的持续多边交流，确保为所有相关方创造价值。因此，**人力资源管理各个模块的活动旨在动态地平衡不同参与者的利益**。这意味着某些人力资源管理活动可能更注重为零工工人或客户（请求者）创造价值，而另一些活动则可能更有利于平台公司本身。例如，提供优惠券和折扣作为对零工工人积极贡献的奖励，可以增强零工对平台的忠诚度和满意度。当交通高峰期遇到恶劣天气时，平台价格突然上涨，平台从高价格中获得更多收益，而零工工人还是拿到平时的收入，无法及时反应来增加收入，这种情况会让零工工人感觉不公平而离开平台或加入竞争对手，寻求更好的报酬和内心的公平感。

在某种程度上，平台上的价值创造可能是一场零和博弈，零工和在线平台试图分别从创造收入和产生佣金方面获益。同时，作为中间人，平台公司处于更有利的地位，可以决定价格，设定零工工人的报酬，从而影响自己可以获得的佣金①②。因此，**一个关键问题是中介平**

① LEE M K, KUSBIT D, METSKY E, et al. Working with machines: the impact of algorithmic and data-driven management on human workers [EB/OL]. (2015 - 04 - 18) [2024 - 03 - 04]. https://dl.acm.org/doi/10.1145/2702123.2702548.

② CHEN M K. Dynamic pricing in a labor market: surge pricing and flexible work on the Uber platform [EB/OL]. (2016 - 07 - 21) [2024 - 01 - 12]. https://dl.acm.org/doi/10.1145/2940716.2940798.

台公司开展的人力资源管理活动是否以及怎样为所有行为者创造价值，而不是主要为中介公司创造价值。这些情况都需要人力资源管理者动态地加以关注，并作为守门人和执行者，把相应的管理动作反馈和落实到平台的管理系统中。

5.2.3　影响数字平台上人力资源管理的要素

平台公司的人力资源管理活动会受到很多因素的影响，例如，平台生态系统所处的生命周期阶段，零工数量和质量的供需，其他平台的人才争夺举措，以及网络效应规模。其中，内部可控的实践需要关注平台发展的阶段和劳动力的供需。

首先，平台生态系统的**生命周期阶段**可能有助于预测人力资源管理在价值创造过程中的作用。当一家平台公司最初建立生态系统时，人力资源管理活动更有可能有利于零工工作者和服务需求方，以创造网络效应，使许多零工工作者和请求者希望加入并留下来。平台创造网络效应的成本非常高，因此，平台公司最初会"烧钱"以维系和扩大网络效应①。然而，在后期阶段，当网络效应使得平台在市场中占据主导地位并稳固了零工工作者和服务请求者

①　LIEMAN R. Uber voor alles [M]. Uitgeverij: Business Contact, 2018: 7 - 9.

的忠诚度后，占主导地位的平台公司会获得非常大的收益以弥补最初的损失，并开始盈利。在这个阶段，很多中介平台公司会开始调整对零工工人的支付条款和条件①②，使零工工人和服务请求者处于不利地位。

其次，人力资源管理活动的设计也可能受到**零工供需状况**的影响。当工人供应有限或拥有稀有/稀缺技能时，人力资源管理活动更有可能为零工创造价值，尤其是涉及客户支付和平台获得租金的情况下。因此，人力资源管理和其他管理活动的关键点是能否为所有参与者创造价值，而不仅仅是为中介平台公司创造价值。

最后，零工和客户可能会采取一些"策略"来影响绩效评估结果。比如，有研究指出，优步的司机和乘客可能互相给出高分评价，以便将来能匹配到评分高的司机或乘客。这种行为可能导致评估结果不再真实反映实际绩效，转而成为一种策略性游戏。有时零工工作者也会"引导"（或按照传统人力资源管理术语说是"培训"）客户如何

---

① HATCH P. Deliveroo and foodora accused of using sham contracts for bicycle delivery riders [EB/OL]. (2016 - 03 - 30) [2023 - 12 - 11]. https:// www. smh. com. au/business/workplace/deliveroo-and-foodora-accused-of-using-sham-contacts-for-bicycle-delivery-riders-20160329-gnsu7g. html.

② RYAN D. Understanding digital marketing: marketing strategies for engaging the digital generation [M]. Philadelphia: Kogan Page Publishers, 2016: 59 - 70.

进行评估，以期获得更有利的评价。这种做法虽然可以提高零工的评分，但可能并不能反映他们的真实工作表现。

这些做法显然与平台生态系统的运作目标背道而驰，但是在一定程度上反映了**零工工作者和客户与平台的博弈**。这些博弈通常在平台组织发展生命周期的后期出现得更频繁，因为当平台稳固其市场地位时，可能更倾向于为平台公司自身创造价值。而在平台发展的初期阶段，平台的优先级是吸引和保留大量零工工作者和客户，因此更倾向于为零工工作者和客户创造价值。

5.3　"灵活用工"真的灵活吗？

5.3.1　平台工作的类型

总体来说，当前以数字化驱动的平台劳动可以分为三种主要形式（见表 5 - 1）：第一种是基于实物或租赁交换的资本平台工作，第二种是基于劳动力交换的众包工作，第三种是基于移动应用的平台工作，也就是通过 App 来完成工作的组织和管理。

表5-1 数字化劳动平台类型

平台类型	基于实物或租赁交换的资本平台	基于劳动力交换的众包平台	基于移动应用的平台
示例	实物销售平台：如 Etsy、闲鱼 租赁平台：如爱彼迎、小猪短租	Amazon Mechanical Turk、TaskRabbit 和 Upwork	滴滴、美团、优步
工作分配方式	用户自主选择服务提供者并自行承担费用	用户自主选择服务提供者并自行承担费用	平台通过算法识别服务需求，并分配给最合适的人员提供服务
平台收入方式	平台可向交易双方或单方收取佣金	平台对每笔交易收取一定佣金	顾客通过移动应用支付服务费用，平台从中抽取佣金
特点	个体用户通过数字平台进行商品直接销售或提供租赁服务，类似于电子商务或B2B模式；服务和商品提供者更像是"微型"创业者、商业运营者身份而非传统员工	机构或个人发布任务需求，务工者在平台规则和条款约束下提供服务；任务没有地域限制，基于"云技术"工作者可以自由选择完成工作的方式，可能同时为多个雇主承接任务	工作者利用数字服务台获悉当地的工作信息，并提供实地服务或完成任务；任务通常为传统服务业务（如送餐、出租车服务等），需要在现实环境中实际完成

资料来源：TOIVOLA T. Sharing economy startups: new wave of networked business models in the changing world [J]. Marketing, 2018,3(4):12-19.

无论采用这三类数字化劳动模式中的哪一种，一个重要的问题在于，**控制权限是集中在平台上，还是让渡给务工者**。如果偏向于前者，我们一般称之为"零工平台"，后者则是"共享平台"。因此，接下来讨论的要点是：**数字平台如何在平台和务工者之间划分自主权与决策权**①？研究发现，平台对于工作任务和务工者的控制主要体现在如下方面：**身份（identity）、信任（trust）、沟通（communication）、支付（payment）、价格（price）和配对方式（pairing）**。平台的控制力度或务工者自主权的强弱主要取决于平台在这些重要环节的控制程度，或者说，在多大程度上把这些环节放权给务工者。例如，类似 Arcade City 这样的顺风车平台，它授予提供服务者较高的决策权，允许他们自行决定他们希望配对的客户类型，也就是说，在**匹配**和**沟通**这两个环节，Arcade City 平台的务工者们具备较高的自治权。

　　平台与务工者之间实际上存在着对关键环节控制权的博弈，平台的控制权越大，务工者的自主权越小，并会导致平台的地位更高、收益更多。人们对于平台的主要批评也在于其控制性过强，可以操纵规则并达成平台收益的最大化，同时限制了消费者和务工者的利益和交

---

　　①　MAFFIE M D. Are we "sharing" or "gig-ing"? a classification system for online platforms [J]. Industrial Relations Journal, 2020, 51(6):536 - 555.

易自由。在传统的雇佣关系中，雇主通过对雇员工作的控制来获取收益，同时也需要为雇员提供劳动保护。对于那些旨在保护平台经济参与者，同时期望务工者对其工作拥有更大自主权的监管机构而言，如果平台公司能够通过算法限制务工者的选择权，那么也应该为他们提供一定的工作保护，否则，平台公司应开放更多的选择权给务工者（例如，允许司机自行选择服务地区，或仅接受价格高于预期的订单），以此兑现平台公司的承诺：为用户和工作者间的独立经济行为提供匹配服务。当然，平台对某些关键环节的掌控是必要的，比如平台需要集中控制通信和支付，以保护客户的隐私和个人财产安全。

5.3.2 "数字泰勒主义"与员工的博弈

如上所述，平台充当了员工和最终用户之间的中介，随之而来的是以"数字泰勒主义"为特征的工作方式，即通过各种形式的数字监控和数据分析来管理和优化工作流程，提高劳动效率。"泰勒主义"源于美国工程师弗雷德里克·泰勒在 20 世纪初提出的一套管理理论。其核心思想是通过科学的方法来提高工作效率和生产力。泰勒主张将工作分解成基本的、可量化的动作，然后通过时间和动作研究来确定最佳的工作方法。在"泰勒主义"前面冠以

"数字"指代将工作数据化，以及通过平台持续加强绩效控制①②③，例如，使用算法进行工作分配、优化、评估等④。一些研究者认为，算法已经逐步承担了传统泰勒主义中很多的"管理职能"，例如，在平台上，算法将服务需求转换为一连串指令，并依据设定好的流程、模型和决策规则完成"管理"任务。

算法管理对于组织效益的影响具有两重性。一方面，平台在一定程度上充当了虚拟管理者的角色，有效地将部分管理工作自动化，企业可以减少管理者的数量并节省成本；另一方面，在平台上，管理者使用算法不断捕捉员工的行动信息和各种指标数据，并利用这些数据优化流程。这种"时间＋空间"的双维压力几乎是无死角地侵蚀了务

① GAUTIÉ J, JAEHRLING K, PEREZ C. Neo-taylorism in the digital age: workplace transformations in French and German retail warehouses [J]. Relations Industrielles/Industrial Relations, 2020,75(4):774 - 795.

② HASSARD J, HOGAN J, ROWLINSON M. From labor process theory to critical management studies [J]. Administrative Theory & Praxis, 2001,23(3): 339 - 362.

③ DELFANTI A, FREY B. Humanly extended automation or the future of work seen through Amazon patents [J]. Science, Technology, & Human Values, 2021,46(3):655 - 682.

④ LEE M K, KUSBIT D, METSKY E, et al. Working with machines: the impact of algorithmic and data-driven management on human workers [EB/OL]. (2015 - 04 - 18)[2024 - 03 - 04]. https://dl. acm. org/doi/10. 1145/2702123. 270 2548.

工者工作与生活的物理边界①②。无论工作还是生活，务工者们都越来越多地依赖于算法。此外，算法持续优化边际效用，将劳动成本控制在较低水平③。香港大学的学者孙萍在她的田野调查中发现，骑手、网约车司机或者家政工这个人群越来越受困于手机和系统，算法全天候地收取他们的个人信息，更准确地对他们的行为进行预测或分类，并不断"优化"他们工作的效率。孙萍常举的一个例子是，每一单如果有 1 个小时可送达，为了避免被惩罚，90％的骑手都会在 55 分钟之内送达；算法是很聪明的，它收集所有的骑手反馈之后，会觉得这多出来的5 分钟没用，就会把这 5 分钟砍掉。砍到 55 分钟的时候，骑手会 50 分钟送达，沿着这样的逻辑，时间被越砍越短，骑手就不得不越跑越快，随之而来的是更多的交通危险与伤病④。

---

① WAJCMAN J. Pressed for time: the acceleration of life in digital capitalism [M]. Chicago: University of Chicago Press, 2015:37 - 59.

② MULLAN K, WAJCMAN J. Have mobile devices changed working patterns in the 21st century? a time-diary analysis of work extension in the UK [J]. Work, Employment and Society, 2019,33(1):3 - 20.

③ SCHMIDT A, HERRMANN T. Intervention user interfaces: a new interaction paradigm for automated systems [J]. Interactions, 2017,24(5):40 - 45.

④ 孙萍. 过度劳动：平台经济下的外卖骑手 [M]. 上海：华东师范大学出版社，2024：19 - 25.

　　值得注意的是，当前很多平台的核心团队由市场专家、系统设计者、程序员和数据科学家组成，而人力资源和员工关系的专家并没有被纳入其中，这导致团队在缺少人力资源和劳动关系专家的情况下规划着务工者的招聘、监管和工作管理政策与流程的制定①②。在大多数语境下，算法代表了一种"客观"和基于数字的"正确"，因而易于取得管理者的信任和依赖③。这些因素合并在一起，很可能导致组织在不断提升效率的同时，忽视员工的视角。

　　此外，算法管理的本质将弱化组织中的人际关系。算法将工作碎片化，弱化了传统雇佣关系中员工之间因为合作而产生的相互依赖和社交需求，这个变化在平台上可能尤其明显④，因为平台系统里的务工者都是临时工、自雇者或者是独立的承包商，这些临时工作者本来就缺乏共同

　　①　DELFANTI A, FREY B. Humanly extended automation or the future of work seen through amazon patents [J]. Science, Technology, & Human Values, 2021, 46(3): 655 - 682.

　　②　MEIJERINK J, KEEGAN A. Conceptualizing human resource management in the gig economy: toward a platform ecosystem perspective [J]. Journal of Managerial Psychology, 2019, 34(4): 214 - 232.

　　③　LEE M K, KUSBIT D, METSKY E, et al. Working with machines: the impact of algorithmic and data-driven management on human workers [EB/OL]. (2015 - 04 - 18) [2024 - 03 - 04]. https://dl.acm.org/doi/10.1145/2702123.2702548.

　　④　WOOD A J, GRAHAM M, LEHDONVIRTA V, et al. Good gig, bad gig: autonomy and algorithmic control in the global gig economy [J]. Work, Employment and Society, 2019, 33(1): 56 - 75.

的组织身份，加之平台上被算法碎片化的工作与弱化的人际关系，他们之间的社会性连接就更少。因此，在貌似"灵活"的雇佣关系下，平台员工的工作强度大，压力水平高，与同事的社会性交互小，也感受不到组织的支持①。与传统组织中的员工相比，这些平台上的劳动者权益更加得不到保障②，一些员工在疲劳和缺少情感支持的情况下情绪失控，与顾客发生冲突，甚至演化成舆情或者社会性事件③④。

很多媒体和机构会将平台上的工作渲染成具有很大灵活度的工作，但实际上，劳动策略、工作的不稳定性和算法控制共同限制了平台工作的灵活性，务工者的工作选择在很大程度上受制于平台公司的业务目标和成本效益考虑⑤。"黏性"是理解平台员工管理的一个关键词。为解决

① ROSENBLAT A, LEVY K E C, BAROCAS S, et al. Discriminating tastes: Uber's customer ratings as vehicles for workplace discrimination [J]. Policy & Internet, 2017,9(3):256 - 279.

② MAFFIE M D. Are we "sharing" or "gig-ing"? a classification system for online platforms [J]. Industrial Relations Journal, 2020,51(6):536 - 555.

③ TICONA J, MATEESCU A. Trusted strangers: carework platforms' cultural entrepreneurship in the on-demand economy [J]. New Media & Society, 2018,20(11):4384 - 4404.

④ WELLS K, ATTOH K, CULLEN D. The Uber workplace [EB/OL]. (2019 - 04 - 01) [2024 - 03 - 07]. https://lwp. georgetown. edu/wp-content/uploads/sites/319/uploads/Uber-Workplace. pdf.

⑤ VAN DIJK, DE WALL P, The platform society: public values in a connective world [J]. Markets, Globalization & Development Review, 2018,3(3):8.

平台快速扩张所面对的务工者短缺问题，平台公司希望用相对低的成本拥有稳定的"高黏性劳动力"。通过算法和监控等数智工具，平台公司不断加强务工者（如外卖送餐员）对平台的依赖，使他们不敢或不愿轻易离开。"黏性"增加，意味着平台对工作者监督和控制的强化，以及员工对于工作的自主选择权下降，因此，平台工作的实际情况并不像人们普遍认为的那样"灵活"。

5.4　员工对数字管理的博弈和应对

平台管理务工者的另一个常用手段是评分。数字平台技术的崛起，引发了传统工作控制和管理方式的变革。在这些平台上，管理者的角色被算法和消费者评分所取代，务工者的收入和发展几乎完全取决于平台上算法的评分。因此，高评分对于员工们能否获得工作和接触优质客户非常重要。务工者因此发展出一系列策略，以应对算法评分的挑战，例如，通过种种方式让自己被客户"看见"，以此接到更多的单；积极进行服务补救以应对差评，以及积累积极的评论等。每个务工者的应对策略都有所不同。这些不同的做法伴随着不同的情感反应和潜在后果。目前的研究表明，平台上的务工者在入职的不同阶段，对于算法评分的应对不同[①]。

5.4.1　第一阶段：评分构建

新加入的务工者在平台上寻找工作时，往往因为缺乏足够多的评分，在获得工作机会上处于劣势。因为评分记录少，他们被算法推荐给客户的概率低，被客户选择的可能性也小，接不到单就影响收入。因此，他们一开始主要致力于积累客户评论，而非立即追求高收入或技能提升。他们需要经常调整个人资料和工作行为，包括优化关键词和技能描述以提高排名，使用求职信和平台认证展示自身专业能力等，以期更合乎算法规则的"偏好"。同时，在这一阶段，**务工者出现了对获得负面评价的恐惧心理，导致他们过度迎合客户，甚至以牺牲个人利益为代价，例如，用降低报价和延长工作时间来换取好评。**

5.4.2　第二阶段：评分管理

在务工者对于算法评分体系有了一定的经验后，就开始采取不同的策略来管理自己与平台之间的关系[②]。有些

---

① CAMERON L D, RAHMAN H. Expanding the locus of resistance: understanding the co-constitution of control and resistance in the gig economy [J]. Organization Science, 2022,33(1):38-58.

② BELLESIA F, MATTARELLI E, BERTOLOTTI F. Algorithms and their affordances: how crowdworkers manage algorithmic scores in online labour markets [J]. Journal of Management Studies, 2023,60(1):1-37.

务工者为了提升自己在平台上的竞争力，会想办法积极管理客户反馈。他们与客户加强互动和交流，以此避免客户的负面评价。另一些务工者会将评分视为自己的"资质"，积极维护自己的"个人品牌"。还有一些务工者认为平台上的评分是个无法掌控的"黑盒子"，因而选择忽略评分，更专注于自身的工作质量和工作体验。当务工者遇到负面反馈导致惩罚或者额外的工作时，他们会产生挫败感。

从长远的视角看，平台管理的关键挑战很可能会源于平台的评分机制。与在传统组织里的情形类似，员工在面对绩效管理体系时，常常会出现博弈行为，比如，为了达到绩效考核标准，员工可能将注意力集中在那些容易量化的任务上，忽视了其他同样重要但未被考核的内容。例如，快递员为了"按时"而把快递随意扔在门口。此外，员工为了拿到高评分而牺牲客户服务体验，或者选择避开挑战性任务，甚至在任务分配中推卸责任，从而影响整体工作绩效与客户满意度。同时，随着算法不断"优化"评分体系，客户的期望不断上升，务工者和平台的权利不对等会加剧，务工者、平台和客户之间的矛盾也会不断深入，为平台的可持续发展埋下隐患。

5.5 平台作为生态的可持续发展模式

5.5.1 平台规模、效率与生态的悖论

这些在平台上的博弈与矛盾是否不可调和？如果换一种角度，从生态而非中介的角度来看待平台，也许能带给我们更开阔的管理思路。当我们从中介的角度讨论平台时，话题主要会聚焦于技术增效和平台内外各个利益相关方之间的竞争等[①]。当我们把关注点转移到"生态体系"时，则可以从"参与者（participants）""活动（activities）"和"技术架构（infrastructure）"的角度来审视。

● "参与者"是构成平台生态的各相关方，包括服务或商品的提供方，服务或商品的需求方，连接需求方与供给方的服务载体，以及在数字平台上交互的各类用户。

● "活动"指的是平台上进行的各种互动行为，可能是交易、数据交换或信息发布。

● "技术架构"是根据平台的业务需求和技术标准建立的支撑和调动系统。

这三个要素的动态交互，使得平台生态系统具有承压（stress）、调整（adaptation）和灵活性（flexibility）三个

---

① HEIN L, BAGSTAD K J, OBST C, et al. Progress in natural capital accounting for ecosystems [J]. Science, 2020, 367(6477):514-515.

关键特征①，共同建构了一个能够适应不同业务需求的可持续的生态系统。从这三个要素入手讨论，我们会发现，阻碍平台生态系统可持续发展的主要因素，是过于快速的扩张。首先，从承压的维度看，平台参与者面临的压力主要源于需求的调整和其他外部要素的变化，为了应对外部变化，平台参与者们必须不断适应和改变。当平台扩张太快，外部的变化压力超出平台参与者们的应对和迭代能力时，参与者的承压能力会被持续打破，造成混乱和失序②。有学者曾用酗酒者的例子来诠释承压极限被打破的情形：当生活或心理压力过大时，可能引发个体对于酒精的过度依赖，成为酗酒者；而随着内外部压力的持续增长，酗酒者会试图通过增加饮酒量来应对压力。这种情况下，若无外界的帮助，酗酒者会出现无法控制饮酒的病态恶性循环，从而导致死亡③。酗酒的类比提醒我们，平台如果发展过快，其参与者们会因过度承压而造成平台失序和混乱。

其次，从调整的维度看，并非每一次的承压极限都会

---

① MIKOŁAJEWSKA-ZAJAC K, MÁRTON A, ZUNDEL M. Couchsurfing with bateson: an ecology of digital platforms [J]. Organization Studies, 2022,43(7):1115 – 1135.

② 同上.

③ GREGORY B. Mind and nature: a necessary unity [M]. New York: Dutton, 1979:25.

导致系统崩溃——如果平台能够及时发现问题，调整平台管理策略，则可以减轻平台参与者的压力；或者，当外部有提振劳动力市场活跃度的政策法规出台，甚至出现了可替代的竞争对手，这些变化都会降低依赖某平台的参与者数量以及参与者对单一平台的依赖度，进而促使平台调整和适应，增加其可持续性。

最后，从灵活性的维度看，作为中介的平台常常围绕着几个关键变量（如配送线路最优化、配送时间最短、客户数量、用户活跃度、平台收益最大等）而构建。在数据和算法的助力下，这些局部变量的优化速度惊人，并以此增强了客户对平台的依赖度。然而，这种算法迭代的力量是有限而且有代价的，虽然短期快速提升了服务的性价比和规模效应，但是给平台带来了整体的系统压力传导，导致平台的灵活度和适应性下降，牺牲了生态系统的长久稳定[1]，甚至提前消耗了生态系统未来可利用的资源（如资本、声誉和务工者的健康），导致平台上各方参与者被卷入极致的效率之战而无力去开拓更为创新的模式[2]。

---

[1] BATESON G. Steps to an ecology of mind: collected essays in anthropology, psychiatry, evolution, and epistemology [M]. Chicago: University of Chicago Press, 1972:15-21.

[2] KAUFFMAN R J, NALDI M. Research directions for sharing economy issues [J]. Electronic Commerce Research and Applications, 2020,43:100973.

　　平台可持续性的讨论是发展平台务工者能力和福祉的前提。平台企业的超快增长与自然界中的指数型增长有着相似的危险性。在自然界，具有指数增长特质的生物都不具备可持续生长的特质或会导致系统崩溃，就像池塘里疯长的藻类或肿瘤细胞。平台企业如果一味追求利润驱动的快速扩张，往往会引发市场失衡、用户和务工者利益受损等问题。真正能够实现健康增长的是那些具有长期导向的企业，它们通过关注长期的社会效益，而非短期利润，维持良性、可持续的发展。因此，平台企业应避免恶性增长模式，转而追求平衡的、负责任的扩展策略。平台的迅猛扩张让人瞩目，但对于如何规范平台上的各种活动，如何管理和赋能平台上的参与者，以及如何设计平台上的技术体系，我们还需要持续研讨和探索。以上对于平台生态的讨论旨在为平台管理、监管和可持续发展打开更多的研究和实践方向。下面我们从组织学习的角度讨论平台的可持续发展。

5.5.2　从组织学习的角度理解平台的可持续性

5.5.2.1　社会化与组织学习

　　在传统企业里，员工通常在相同的物理空间内工作，如办公室、工厂或商店，这种共享的物理空间促进了日常的交流和互动。例如，员工间的午餐时光、休息时间交谈或团队建设活动等，不仅有助于工作的协同和效率，还促进了社交关系的建立和团队文化的形成。在平台企业的环境中，尽管技术提供了即时沟通的便利，但平台工作者之间的社交联系通常比传统雇佣企业中的要弱。如外卖送餐服务或在线零工市场中，工作者大多是孤立劳作的个体。他们通过平台接受任务，与客户和平台进行互动，但很少有机会直接与其他同行交流。出租车司机和快递员们也许在物理空间上近在咫尺，但是彼此很少相识和交流，同时也缺乏建立工作之外社交网络的机会。他们的交流主要限于线上论坛或社交媒体群组，而且这些交流通常是任务驱动的，而非为了建立个人关系。

此外，平台的"抢单"式工作分配让工作者争夺有限的任务和收入机会，阻碍了工作者之间的合作，这与传统工作环境中通常鼓励的团队合作和社交互动形成了鲜明的对比。在传统环境中，即便存在内部竞争，公司文化和管理策略也往往致力于促进员工沟通和更和谐的组织氛围。

一些平台注意到了这个现象，增加了务工者线上社区和讨论组，如外卖送餐员或网约车司机专用论坛，这些社区不仅是信息交流的场所，也是知识和经验共享的空间。在这些平台上，工作者们可以分享和交换个人经验与遇到的困难，如客户服务的最佳实践、应对交通高峰的策略或是处理特殊订单的技巧。通过共鸣和共识（symphonizing），他们还可以将零散的信息整合成可供其他工作者尝试的工作方法，并在小组成员间共享。

此外，这些社区是组织社会化的一部分，而组织社会化是传统人力资源管理常用的举措，旨在帮助新员工融入组织并提升组织认同感。但是平台在增加这些社区的同时，也会刻意控制组织社会化，避免平台务工者的线上讨论组形成集体力量，在务工者和平台有冲突的时候对平台的管理政策产生群体性抵制。

从技能与职业发展角度看，平台一般不支持务工者的技能发展，因此，平台务工者如果想寻求技能提升或者职业发展，往往需要自己寻找机会，并自己支付费用。这对于收入普遍较低的平台务工者来说是不小的负担[①]。有一些众包平台会提供专家指导服务。例如，Upwork 的导师模块可以帮助众包工作者学习新技能，目前提供的教程有 Photoshop 等。不过这种导师模块需要雇佣昂贵的专家，很难在各类平台中普及。

为了减少对专家的依赖，研究者们开发了一些平价且方便使用的学习工具，例如，专门针对平台工作的教练工

---

① GEGENHUBER T, ELLMER M, SCHÜßLER E. Microphones, not megaphones: functional crowdworker voice regimes on digital work platforms [J]. Human Relations, 2021, 74(9):1473 - 1503.

具 Crowd Coaching①。只需要在 Chrome 浏览器安装一个插件，平台工作者就可以在有需要或者工作空闲时学习新技能。Crowd Coaching 以及类似的辅导工具主要包括如下常见功能：

（1）经验收集模块：通过平台上的一个简单插件，务工者可以录入自己的经验，这些经验可以是短视频、文字或语音。

（2）评价模块：每个看过"经验"模块的同伴都可以选择"赞"或者"踩"来为每条"经验"打分。经验（例如视频）的点击率、评分和该同伴的服务质量都可以成为同伴教练的评价因素。同时，平台也会对"经验"进行分类，并逐渐用评分高的经验替代相似度高的评分低的"经验"，使"经验"系统逐步优化。

（3）信息展示模块：这部分的重点是如何为同伴提供更有效的指导。因此，展示模块的推荐系统，会同时推荐与所阅读"经验"关联度最高的其他高评价"经验"，同伴可以通过额外的推荐深入学习。

一项基于数百位平台务工者的实证研究证实了这些工

---

① CHIANG C W, KASUNIC A, SAVAGE S. Crowd coach: peer coaching for crowd workers' skill growth ［EB/OL］. (2018 - 11 - 01) ［2024 - 01 - 06］. https://dl. acm. org/doi/10. 1145/3274306.

具和实践可以更好地支持平台工作者的技能发展①，务工者可以通过获取同伴分享的工作经验（如视频记录）提升工作技能。目前在平台上，务工者的群体学习和群体辅导的实践还在发展过程中，组织发展的理论和实践告诉我们，当务工者的技能得到提升时，他们的工作效率和质量会随之提高，从而增强平台的整体服务水平和用户体验。平台通过为务工者提供成长机会，不仅有助于员工个人的发展，也为平台的长期可持续发展奠定了坚实的基础。

5.5.2.2　平台员工的发声与参与

在平台经济中，权力和信息的不对称极有可能会阻碍多边生态系统的可持续发展。平台务工者很少有机会与他们的"主管领导们"有社交性互动，当他们表现不理想或者客户评分低时，他们只会被动地收到系统的通知，反映问题的渠道也很有限。由于他们不被视为传统意义上的员工，他们的建议和意见很难对平台的决策产生实质性影响②。尽管有一些众包平台在一定程度上给予工作者发声的机会，比如允许他们就一些具体任务提出意见和建议，

---

① CHIANG C W, KASUNIC A, SAVAGE S. Crowd Coach: peer Coaching for Crowd Workers' Skill Growth [EB/OL].(2018 - 11 - 01)[2024 - 01 - 06].https://dl. acm. org/doi/10. 1145/3274306.

② 同①.

但通常不会涉及平台的运作和管理策略。也就是说，没有支撑平台员工参与决策的机制和发声渠道。很多平台务工者们认为工作条款是一条"单行道"，他们要么同意，要么退出①；甚至在有些企业的务工者声称，任何对平台的投诉或批评都是被禁止和噤声的②。

这是目前大多数平台企业的现状，即采用基于"合规型"的人力资源策略来管理平台上的务工者。人力资源管理活动大多受到算法的控制，务工者们更多只能被动地适应平台的需求和规则，采用这种人力资源管理做法使工作关系成为一种纯粹的经济交易，平台工作者的声音往往被忽略，并淡化了个人的社会和道德需求，包括尊重、互动和认可③④。

很少有平台聚焦于"心理承诺、劳资合作"等"关系

① GEGENHUBER T, ELLMER M, SCHÜßLER E. Microphones, not megaphones: functional crowd worker voice regimes on digital work platforms [J]. Human Relations, 2021, 74(9):1473-1503.

② MÄNTYMÄKI M, BAIYERE A, ISLAM A K M N. Digital platforms and the changing nature of physical work: insights from ride-hailing [J]. International Journal of Information Management, 2019, 49:452-460.

③ MOISANDER J, GROß C, ERÄRANTA K. Mechanisms of biopower and neoliberal governmentality in precarious work: mobilizing the dependent self-employed as independent business owners [J]. Human Relations, 2018, 71(3):375-398.

④ WALDKIRCH M, BUCHER E, SCHOU P K, et al. Controlled by the algorithm, coached by the crowd-how HRM activities take shape on digital work platforms in the gig economy [J]. The International Journal of Human Resource Management, 2021, 32(12):2643-2682.

型"的管理方式。从社会科学和管理领域长期积累的理论和实践看，合作型的劳资关系更有助于务工者之间的知识共享和学习，并更有可能使工人和组织都受益。因此，平台的管理者们特别需要关注平台务工者缺乏发声和参与的问题。从平台组织的本质看，激发参与、满足需求，才能促进可持续的价值创造。

随着技术的进步，平台可能会变得越来越普遍，在人力资源管理方面也提出了一系列新的问题。当前平台上的工作大多进入门槛低、技能要求相对较低且标准化程度高[1][2]，例如保洁、送货和驾驶。未来，会有更多面向高技能务工者的数字工作平台，例如，软件开发和各种专业型服务。平台的管理者将会面临新的人力资源管理问题和挑战，例如，如何为平台务工者提供利用多样化技能工作的机会？如何让他们在任务选择和执行方面享有更大的自主权？如何为平台务工者"定薪"？任务执行者们在多大程度上可以设定自己的单位时间费用？在使用算法调度任务的时候，如何能够兼顾绩效与公正并避免工人过劳？当技

---

[1] BERGVALL-KÅREBORN B, HOWCROFT D. Amazon mechanical turk and the commodification of labour [J]. New Technology, Work and Employment, 2014,29(3):213-223.

[2] FRENKEN K, SCHOR J. Putting the sharing economy into perspective [J]. Environmental Innovation and Societal Transitions, 2017,23:3-10.

能发展的责任大多转移到个体务工者身上时，平台能够为务工者的技能发展做哪些贡献？不同国家和行业的平台管理模式会有哪些不同？而引发这些问题的底层思考是，在平台上，我们如何"塑造工作"？需要透过哪些社会、经济和伦理视角来审视平台上的各种"关系"？我们用这些问题来给这一章收尾，也希望这些问题成为推动平台管理者和研究者们继续探索和实践的起点。

第 6 章

千里之行，
始于足下

　　人力资源管理在数智化转型中面临着多重挑战，例如，组织复杂性、数据管理问题、算法理解，以及人力资源团队的胜任力等。目前很多企业都在观望，不知从何入手。本章将对人力资源部门在数智化落地过程中遇到的一些实际问题进行讨论并提供具体的应对思路和方法，包括数智技术在人力资源领域的应用、算法分类、随机化与实验的使用。我们强调要通过员工共识、因果模型和随机化等方式减少和纠正算法的偏见，并特别关注员工的反馈与反应。我们提出，变革落地的起点是企业高层对于数智化变革的战略定位。许多企业在转型初期往往采取防守策略，从而降低了数智化转型的价值。此外，数智化转型是一项渐进的组织变革，涉及组织设计、角色分配、激励机制等。为了推动有效的变革，组织需要在工作分析、流程更新、跨部门沟通和员工培训上投入大量资源。这些转型的挑战要求企业高层和人力资源管理者在认知与决策、管理人力资本以及管理组织和社会资本方面具备更强的能力。本章就如何建立这些能力做出了一些回应，并特别强调了数智化落地的"软实力"，特别是企业愿景与文化，以及跨职能的领导团队、执行团队和桥梁型人才对转型成功的重要性。

6.1　我们拥有什么样的战略与生态来支持数智化转型？

6.1.1　战略定位：进攻还是防守？

在写作本书的过程中，我们走访了一些企业，观察到大多数企业在开始数智化转型时，其定位倾向于"防守"，即通过削减成本、增加自动化或改善服务来保护现有的业务线。很多企业都是从职能部门开始进行尝试，降本增效，而"不敢动"业务条线。麦肯锡的研究也发现，在人工智能方面经验较少的公司往往专注于技术帮助削减成本方面的能力，而当公司更加熟悉人工智能后，则往往会从中找到"增长"的机会。例如，挪威奥斯陆的 Schibsted 媒体集团逐步将其整个报纸类广告业务转移到了一个免费的在线市场，开辟了一个新的收入来源，现在这个来源产出了集团超过 80％的收益。一些较早采用人工智能辅助其销售和客户洞察的零售企业表示，使用算法为客户建议个性化促销和量身定制的展示，可以将传统商店中的销售额从 1％提高至 5％，在算法支持下，个性化的动态定价使在线销售额增加了多达 30％。在麦肯锡调研的 15 个行业中，12 个行业中大规模使用人工智能并采取进攻策略的公司报告的利润率比其他公司高出 5 个百分点[①]。这些研究提示高管们应打开思路，更多地将人工智能等数智化应用视为提升生产力、创新产品服务和扩展业务的工具，而非仅仅是削减成本的手段。

6.1.2　技术和能力两条腿走路

与大多数组织变革类似，阻碍企业数智化转型和应用人工智能的主要原因是高管们对人工智能会如何影响其商业模式还不是特别确定，而且也缺乏人工智能相关的人才。人才问题是最常见的挑战，主要原因有二。第一是对新人才的需求。在讨论人工智能如何通过自动化影响劳动力市场时，企业对人工智能可能需要的新职位（如新一代的"人工智能开发与运维工程师"和"机器学习工程师"等），关注得较少。第二是对决策方法和流程的关注。只有当技术嵌入"正确的"业务和工作流程中时，才能获得良好回报。当业务决策和工作流程充满错误和纰漏时，人工智能或者其他数智化手段都不能发挥其价值。无论是业务决策和工作流程的优化，还是将新技术嵌入组织，都会出现新岗位的人才供给与转型问题。填补新的岗位需要长

---

① BUGHIN J, HAZAN E. Five management strategies for getting the most from AI [EB/OL]. （2017 - 09 - 19）[2024 - 02 - 03]. https:// sloanreview. mit. edu/article/five-management-strategies-for-getting--the-most-from-ai/.

期的技能培训规划。那些管理基础好的企业更擅长人才的预测需求，也因此转型得更好。

6.1.3 夯实基础设施，培养外部生态

数智化转型需要实时访问大量高质量数据，并将分析与反馈集成到自动化工作流程中。麦肯锡全球研究院构建了一个衡量"企业数字化强度"的综合指标，这个指标反映了企业在数字化基础设施方面的实力。研究表明，那些能够受益于人工智能技术的公司在软硬件基础方面更强大，主要体现在计算机和机器人等硬件连接系统、信息通信和技术（ICT）资产及其使用情况，包括数字支付、数字营销、后台运营，以及数字技术在人力资源方面的应用等。这也说明了数智化转型是个长期积累的过程。

领导层的注意力更多在技术上，而实施数智化转型的根本还是人与人、人与企业，以及企业与社会的连接。从人的角度看，要充分利用不同利益相关者构建的生态，例如，政府的支持性政策和基础设施，为尖端科学项目提供的资金，政府、大学和企业的联合实验室等。在技术和数据都不充裕的情况下，组织和人才管理者们要具备由外而内的思维，积极利用生态资源和创新的溢出效应，通过国际合作、校企人才和技术转化等方式，从外部生态中获取数字化转型需要的资源和能力。

6.2　人力资源管理转型的"拦路虎"与胜任力

数智化应用在医疗保健、汽车工业、社交媒体、广告和营销等领域的进展速度已经相当可观。但是，为什么在组织和人才管理方面，特别是由算法指导的数据分析和决策方面，取得的进展却相对较小？

其中的原因很多，涉及企业战略、文化变革和领导力问题，也涉及人力资源管理自身的复杂性，特别是数据管理等问题。例如，在人力资源管理领域，数智化转型还涉及过程和结果的公平性和法律约束相关的挑战。此外，由于人力资源管理的对象是员工，他们对于变革的抵触也不容小觑。以下我们就总结一些阻挡人力资源管理数智化转型的"拦路虎"。

第一个"拦路虎"是人类组织的复杂性。相信对于大多数企业来说，精确地量化"好员工"具有相当的挑战性。用看似"客观"的 KPI 绩效评估分数吗？这当然是当前最广泛使用的工具，但也因为各种指标的信效度问题饱受批判。单一指标肯定不行，多个指标之间的取舍和权重又如何处理？当前的组织如此复杂，岗位之间的相互依赖性日益增加，大多数个人表现很难与其所在的团队表现分开，在绩效管理中想要建立个人、团队和组织绩效之间的明确量化关系更是难上加难。这些还只是人才评估中显性的"灰度"，很多其他隐性的模糊度，例如，员工和团队之间因为岗级管理不到位和权责利分配不清晰而出现的各种"纠缠和灰度"，更是企业生活的日常。因此，即便是管理最先进的企业，在评估中层管理者和专业人才的时候，也还是要靠高层管理者的主观评估加上委员会等集体讨论，才能对这些"纠缠和灰度"进行优化。更棘手的问题是，面对数智化转型，我们如何将这些主观的经验和判断，以及"缺失"的量化，一起融入数字系统中？人类组织这些与生俱来的灰度、纠缠和缺失，如果带入数字世界，是否会扩大算法决策的武断或偏见？

第二个"拦路虎"是数据。与财务和交易数据不同，并非所有人力资源管理动作都能被实际测量，并非所有的运营细节都留下了可捕获的数字痕迹，也并非所有留下的痕迹都可以用合理的成本提取并转换为可用的格式。举一个最简单的例子，雇主不一定会追踪申请人是通过哪些渠道（如熟人推荐、公司网站、中介等）获取工作广告的。而且，大多数雇主在淘汰申请人之前只收集有限的数据，并且不会保留被筛选掉的申请人的信息。如此，数据的采集和分析过程进一步限制了分析结论的可信度。而一个更普遍的问题是，人力资源管理领域的很多关键决策，如升职或解雇，是相对低频的事件，特别是在中小企业，人力资源领域总体的数据量就不大。而机器学习和其他数字技术需要大量观测值，如果是低频事件，则预测效果不佳。此外，会计和营销等领域会有一些成熟、标准的量化方法，但是人力资源部门却不是这样。虽然近年来很多企业都在发展人力资源领域的测量，但是不同组织之间对于组织绩效、个人绩效、员工能力和态度等变量的测量方式差异很大。这些差异意味着跨公司的数据集成和比较变得很困难。因此，中小企业需要采用多管齐下的方法助力转型，包括充分利用好"小数据"、借鉴理论和已有的实证依据进行因果假设、选择有限的变量、通过实验来验证假设、使用外部跨企业数据平台扩展数据量等多种方式。我们稍后会结合数据分析更具体地解释这个问题。

第三个拦路虎是算法目前的不可解释性与人力资源管理决策所需要的程序公正、感知公平之间的矛盾。人力资源领域的决策结果，如加薪、晋升或解雇等，对个人、家庭乃至整个社区都有深远的影响。这些决策可能会改变个人的价值和社会地位，影响家庭收入，甚至改变社区及社会对企业与员工关系的期望。因此，相较于快消品购买或线上客服等其他商业举措，人力资源决策更加需要体现程序公正、分配公正，并顾及员工端的感知公平。

当员工无法理解或不接受决策的制定过程时，他们可能会以损害组织利益的方式反应，这种情况类似于 19 世纪初的英国卢德运动（Luddite Movement）①，当时工人因不满机械化生产而破坏机器。此外，员工的不满或误解还可能以其他方式影响组织的运营效果。从法律和制度的角度来看，对人力资源领域的规制通常比其他商业领域更为严格，这增加了决策过程中"可解释性"的重要性。算法的不透明性不仅可能导致员工对决策的不信任，而且可能增加管理层在实施过程中的风险。如果算法决策的依据不明确或难以解释，就难以评估其是否遵守了相关的法律法规，如反歧视法，导致法律风险，损害公司的声誉，甚至引发法律诉讼。

第四个拦路虎来自人力资源管理者自身，即人力资源管理团队在数智化转型过程中应该具备的能力。在人工智

---

① 卢德运动（1811—1816 年）：这是最早也是最著名的反对工业化和机器替代人工的社会运动之一，发生在 19 世纪初的英国。该运动由一群英格兰纺织工人领导，他们反对使用自动化机械，认为这些机械会降低工人的工资，增加失业。卢德分子通过破坏纺织机械作为抗议手段，希望保护其工作和生计。

能与人类互动的背景下，人力资源管理者需要具备一系列跨领域的能力，从而确保能够在引领技术变革的同时，保持组织的人文关怀和伦理道德，推动组织和员工共同成长和发展。为了能够胜任变革催化剂的角色，人力资源管理者在数智化转型过程中需要至少发展三类核心能力（见表6－1）：

表6－1　数智化时代人力资源管理者的能力

1. 认知与决策能力	2. 管理人力资本的能力	3. 管理组织和社会资本的能力
● 伦理与道德决策 ● 解决问题 ● 验证、检测与纠偏 ● 评估、采购、使用基于人工智能的技术	● 技术专长 ● 领导力 ● 能力配置 ● 发展员工技能 ● 敏捷与变化 ● 人机互动情境下的工作设计技能	● 维护企业价值观和公正、正义 ● 提升员工体验 ● 具有同理心的指导与沟通 ● 管理人机协作

资料来源：DEEPA R, SEKAR S, MALIK A, et al. Impact of AI-focused technologies on social and technical competencies for HR managers — a systematic review and research agenda [J]. Technological Forecasting and Social Change, 2024,202:123301.

首先，认知与决策能力是人力资源管理者的核心素质。数智化转型是个涉及业务、技术和组织转型的复杂变革，涉及业务逻辑和伦理道德。在这个过程中，人力资源管理者需要具备强大的认知和决策能力，在复杂的工作情境中做出平衡企业和员工利益的判断，确保组织行为的正当性。同时，人力资源部是公司政策执行落地的部门，每天都需要应对转型中遇到的人际冲突、人与系统之间的冲突、绩效管理，以及招聘和培训等日常运营问题，人力资源管理者需要能迅速分析情况并提出有效的解决方案。最后，他们还需要在实施策略后进行验证、检测与纠偏，通过持续的监控和评估，洞察人力资源政策的实施效果和组织的效能。

其次，人力资源管理者在塑造和维护人力资本方面具有重大责任。数智时代的人力资源管理者既要懂管理，也要懂技术：管理者们既要理解与业务战略相匹配的组织和人才管理领域知识，又要具备数据应用与分析能力，还要发挥领导力，塑造积极的组织文化，并为团队提供方向和目标。从维护人力资本的维度看，关键的能力在于正确识别并匹配员工的技能与组织需求，确保人力资源的最优使用。新一代组织和人才管理者特别需要围绕人机互动进行工作设计的技能，这对于提高工作效率、优化员工体验和促进员工的安全都至关重要。此外，发展员工技能依然是人力资源管理者的关键职责。在当今快速变化的商业环境中，敏捷与变化的能力变得尤为重要。人力资源管理者必须能够及时洞察外部的变化，调整人力资源策略，支持组织的灵活性和创新能力。

最后，管理组织和社会资本的能力也同样重要。人力资源具有一种其他资源所没有的特性，就是协调、整合、判断和想象的能力。这是人力资源相对于其他资源的独特优势。因此，我们必须重视"人性面"，强调人的道德感和社会性。这就意味着人力资源管理者需要维护企业价值观和促进公正、正义的工作环境；通过提升员工体验和采用具有同理心的指导与沟通方式，增强员工的归属感和满意度；有效管理人机协作，确保人工智能技术的引入能够带来正面的工作改变；以及评估、采购和使用基于人工智能的技术，不仅为了提高效率和效果，也要确保技术的引入符合人的伦理标准和组织的目标。

在本书的附录中，根据相关文献并围绕着之前表 6-1 中的三个能力，我们细化了数智时代人力资源管理者的具体能力项，以及人力资源工作者在数智时代需要了解的相关技术和应用场景，希望可以帮助企业更好地对标和转型。

在我们理解人力资源领域数智化的特殊挑战后，如何能够逐步将人力资源各个模块的工作与数智化的发展相融合呢？美国沃顿商学院彼得·卡佩利（Peter Capelli）教授及其研究团队总结出了一个由人力资源运营、数据生成、机器学习和决策制定四个部分组成的管理闭环[①]，适合帮助大多数企业管理者理解人力资源与数智技术融合的不同阶段。在前面的各章节，我们已经讨论了人力资源运营的各个模块，包括招聘和甄选、薪酬、绩效、员工关系等，并具体阐述了员工对于数智化转型的体验与反应。为了帮助企业开启数智化转型，下面我们着重从执行和落地的角度谈一谈人力资源领域的数据管理、分析与决策。

6.3 启动转型的数据与方法

6.3.1 依托人力资源运营生成的数据和分析预测能力

在组织和人才管理领域，数据的来源是人力资源运营，即其在人才的选、用、育、留、激励和管控等方面的日常工作。我们在前面几章已经具体讲过与数智化转型相关的人力资源活动，包括第 2 章的招聘与甄选、薪酬管理、绩效管理，第 3 章的组织内部的分工与协同、人机互动与组织发展，以及第 4 章的员工反应与体验等。下面我们主要讨论数智化转型中最重要的落地要素：数据的生成

---

① TAMBE P, CAPPELLI P, YAKUBOVICH V. Artificial intelligence in human resources management: challenges and a path forward [J]. California Management Review, 2019,61(4):15 - 42.

与管理。

　　我们可以毫不夸张地说，分析人力资源的数据，就是在分析企业的资产。在企业的整体支出中，大量的资金被花在人力上。研究表明，在美国整体经济中，企业大约60％的支出都花在了劳动力上，而在服务行业，这个数字还要高很多。由于人力资源运营工作的过程和结果涉及大量资金，因此，人力资源的每一项运营和管理决策都直接或间接地影响组织的总成本。为了控制成本，成熟企业的人力资源工作常常有着很明确的书面指示和指导方针来指导其操作，而这些操作以文本、数字记录和其他形式产生了大量数据。随着企业整体的数字化转型，人力资源运营过程中产生的数据遂成为宝贵的数字资产，可供分析并生成重要的管理决策。

　　但是，在进行分析之前，必须从多个数据库中提取这些信息，将其转换为通用格式并连接在一起。即便是在数智化方面比较领先的企业，这些数据库管理任务和数据整合工作也是极大的挑战。其中最常见的问题是子系统之间不兼容，导致数据不能整合。由于资源有限或是缺乏长远规划，企业通常在不同阶段选择不同的供应商来解决人力资源子领域的信息化和自动化，因此，在招聘、绩效管理、薪酬等方面使用的供应商和系统常常不同。当这些系统基于不同的技术架构且不兼容时，很难集成和整合数据进行分析。在数据兼容方面，可能的解决方案包括成立一个由各个部门代表组成的委员会，在采购新的数智化系统时，委员会必须投票批准任何单个部门的供应商选择，而数据兼容性是投票的必要标准①。

更难解决的当然还是人的问题，或者说，权力问题。在数智化转型时，连接数据集方面以及存档和访问不同数据集的"数据池"是一个常见挑战，因为分析所需的数据组件由组织的不同部门所把持，涉及数据控制权的内部政治斗争使得不同部门之间难以分享数据和分析成果。试想，如果薪酬部门不想将其数据提供给招聘和人才管理部门，那么也就无从得知那些精心筹划的人才标准和评估是否能给公司创造更多价值。需要强调的是，组织内部的社会性冲突并不会因为技术的进步而消失。可行的解决思路是，发动更高级别的高管来推动跨部门的合作。因此，**短期的解决方案是公司的高层管理人员必须在跨部门的数据共享方面达成共识，而长期的策略则是投资于数据的标准化管理和平台的集成能力。**

① TAMBE P, CAPPELLI P, YAKUBOVICH V. Artificial intelligence in human resources management: challenges and a path forward [J]. California Management Review, 2019, 61(4):15-42.

6.3.2 从提问开始

当启动数智化转型时，我们应该从哪个领域切入并优先集成数据呢？面对此类没有标准答案的、"不好下手"的问题，可以用**循证方法**进行探索。比如，从人力资源运营人员和一线业务管理者处收集他们所见过的所有问题，这些问题发生的频繁程度，以及问题之间的关系，并找到根本原因；然后用这些信息和高层领导讨论，优先解决与战略方向和业务发展最相关（通常也是高层领导特别关注）的问题。这种结合归纳和实践经验的方法适用于界定不明确的问题。当然，有些经验丰富的专业人士也表示，他们是否"提出问题"也取决于他们认为问题是否会得到解决，否则总是白忙活一场。无论如何，归纳加实践的过程总能激发专业人员"提出好问题"，也是启动变革的契机。

为了助力读者提出好问题，表6-2列出了人力资源运营中最常见的工作以及每项任务需要回答的管理问题，每一个问题都是采集数据点和优化的机会。遗憾的是，很多时候企业并没有在日常管理中关注和分析这些问题，也没有督促相关的数据采集工作，因此更不了解每一年人力资源运营工作的结果如何。我们希望表6-2能够帮助组织和人才管理者们启动"提问"的动作，并找到分析问题的方向和需要解决的关键问题。

表6-2　提升人力资源运营以及分析和预测能力

人力资源运营项	提升人力资源运营分析和预测需要回答的问题
招聘：确定潜在申请者并说服他们申请	我们是否能够找到足够数量和质量的候选人？ 哪些要素是预测招聘数量的主要因素？ 哪些要素是预测招聘质量的主要因素？ 是否还有我们没有想到过的因素？
甄选：哪些申请者应该得到工作机会	我们在多大程度上可以做到人岗匹配？ 我们怎么知道人岗匹配的效果好不好？ 达成成功的人岗匹配的核心要素有哪些？
新员工入职培训和社会化	哪些做法能让新员工更快地在工作中上手？ 什么干预措施（针对不同人群）效果更好？ 这些干预措施能提高绩效表现吗？ 这些干预措施的投入和产出如何？
绩效管理	我们目前绩效管理的举措是否提高了工作绩效？
晋升和人才发展	我们能预测谁在新岗位上表现得更好吗？ 我们能否预测晋升后人才的绩效？
员工离职预测	我们能否预测谁可能离开？其中有哪些高绩效的人才？ 我们能否通过调整绩效管理的举措降低高绩效人才的离职率？
员工福利	我们能否确定哪些福利对员工最重要？ 我们在有多种选择的情况下，能够为员工精准地推荐福利吗？ 我们了解推荐的福利是否有助于招聘和留住员工吗？

资料来源：作者根据公开资料整理。

　　除了上述自问自答的方法外，我们期待企业采用更系统化的方式探索人力资源管理的效率和效益，包括学习人力资源各个细分领域的专业文献，跟踪该领域已知的进展。理论文献可以帮助建模，是一个少走弯路的"捷径"；实证研究可以帮助筛选建模的变量。但遗憾的是，大多数企业的管理者并不经常使用这些系统化的方式。这也反映了数据科学领域和人力资源管理之间的脱节。领先的 IT 公司，如亚马逊、谷歌、脸书和微软，为了增强数据科学领域与人力资源管理领域的连接，都聘请了数据科学博士进入人力资源部门。这个趋势会越来越明显，因为数智化时代需要更多既具备人力资源领域知识，又理解数据科学的管理人才。

6.3.3　小数据的应用与因果关系

数据科学需要海量数据，没有可用于训练的数据，人工智能无法为公司创造价值；没有获取、管理和分析数据的技能，就无法生成有价值和可操作的洞察。数据的集成和管理能力，显著区分了数智化转型的领先者和落后者。超大型企业，特别是数据原生企业，如互联网企业，在这方面有更多的优势。拥有强大数据能力的公司将从人工智能中获得更多价值。

但每个行业的科技巨头毕竟只有少数几个，大多数雇主雇用的工人数并不多，业务流程也不是很复杂，因此，无法基于既有的人力资源运营收集足够的数据。那么，在数据不足的情况下，企业应该怎么办？

其实，在某些方面，即便是小公司也能产生大量数据，例如，员工态度和绩效的连续测量，呼叫中心客服通话记录上的指标，流水线上的计件等。这些数据都可以作为人力资源数据分析的起点，特别是可以用来做对比实验。同时，拥有小数据通常也足以构建一些基本的探索性分析和决策，例如，使用校友招聘是否能够提升雇员的数量和质量？内部推荐是否更加有效？数据很重要，但**更重要的是建立对于数据分析的信念和循证决策的习惯**。

中小企业的管理者们如何克服小数据带来的局限性，同时提升自身的数据分析和洞察能力呢？首先，我们可以通过实践经验和常识沉淀能力。大多数管理者在这方面是天然的学习者和研究者，只要善于总结和反思，没有大数据也能够做出比较专业的洞察和决策。其次，建议管理者们研读一个多世纪以来积累的管理理论和已有的实证研究。理论是很多聪明人智慧的结晶，实际上，管理学者们在阐述理论以及长期的实证发现方面具有很大的优势，**大多数管理学文献和实证研究指出了变量之间的因果关系，而不仅仅是机器学习中观察到的相关性**。计算机科学家们最近也开始认同在社会科学相关的人工智能研究中引入因果关系的重要性。最后，在企业具有大量的、高质量的数据和算力基础后，可以运用数字科学和人工智能工具。

　　需要关注的是，在数智化时代，管理者必须与跨职能的同事们以及数智科学家们一起工作，因为设定假设和构建模型的过程经常会变成不同利益相关者之间的博弈。例如，有些人会认为员工是具有主观能动性的理性决策者，能够驱动变革；而有些人则完全把员工视为被动和非理性的。这些假设会影响预测模型的构建，同时，观点之间的争执无法用权威来解决，需要管理专家、数字科学家、员工以及了解组织各方面的人才一起"共创"，最终考验的还是企业的文化开放性与协同能力。

　　从数据分析方法看，我们还可以从随机实验中生成额外数据，以测试因果假设。但是，如果管理者和模型构建团队对于管理假设和因果模型达不成基本共识，单靠人工智能"摸索"出的结论很可能会进一步分裂管理层的共识，并加深人与人、人与机器之间的不信任与偏见。

　　此外，中小企业在数据量有限时，选择使用外部供应商也是一个不错的方法。目前市场上已经有很多人力资源管理解决方案供应商，其主要业务包括招聘、工资发放、时间和出勤管理、福利管理、保险、合规和遵从服务等，旨在帮助企业优化其人力资源管理活动，从而提高业务效率和员工满意度。这些供应商处理大量公司的业务，且有能力整合来自多个雇主的数据，然后使用大数据分析工具来构建模型，预测诸如薪酬的激励效果和员工离职等。这些供应商的客户公司愿意共享它们的数据，以换取获取预测模型、结果和行业基准比较。

拥有"小数据"的中小企业还可以关注"联邦学习"。"联邦学习"的概念是由谷歌于 2016 年提出的，倡导将协作机器学习（ML）带入各行各业，以从各种分布式数据集中获得更多优势，加速各种工业流程，并支持隐私敏感型应用程序。联邦学习可以为不同设备提供一个相对安全的协作机器学习框架，而无须共享其私有数据。这个特质使其能够在医疗保健、交通、金融、智能家居等领域展现广泛应用的潜力。目前联邦学习仍处于起步阶段，在可预见的未来将是一个快速发展且重要的研究领域。鉴于企业管理特别是人力资源领域的数据涉及员工隐私，联邦学习这种具有分布式特性的框架在人力资源和管理领域可能会有更多的应用前景。

最后需要提醒的是，对于任何雇主而言，在管理和使用数据方面需要谨慎评估所有这些选择的适用性和具体的效果。这些评估必须基于对自己组织深刻的了解和洞见之上，这需要雇主对自身组织有深入了解，并对供应商和合作伙伴提供的数据和算法进行细致的分析和验证，这个谨慎评估的过程不仅有助于提高人力资源管理的效率和效果，也能够在法律和伦理上为雇主提供更稳固的基础。

6.3.4　理解因果关系，降低数据管理成本

因果推理能够帮助我们关注那些真正相关的特征和行为，从而降低数据管理的成本，并在很大程度上满足公平性和可解释性的需求——这对人工智能算法在人力资源管理领域的应用和发展非常重要，对于影响员工职业生涯的决策，需要保持很大程度的透明度和员工的感知公平。然而，实施因果模型也有很多挑战。大多数算法很擅长基于关联的识别模式，但是不擅长因果关系的识别。例如，让人工智能识别图像相对简单，但要让它识别出哪些员工会有好的工作表现就比较复杂。这是因为影响和体现员工行为的变量很多，很难将其面面俱到地转化成机器可以观测和理解的指标。很多看似简单的职场行为，在人类看来是"常识"，但是对机器来说，却可能是很大的认知挑战。机器在处理大量数据后，也许还不一定能抓住真正有价值的信息。此外，机器在判断人类行为时，还要面临很多管理控制、隐私和伦理问题，即使在公司内部找到了员工特征和行为之间的因果关系，也时常因为法律和公平性的问题而无法使用这些发现。

如何应对算法在因果方面的局限性？一些学者提出了补救措施，例如，充分发掘因果关系，增强算法的可解释

性。有研究显示，通过算法自动化测试因果假设，可以帮助人类缩小变量的选择范围，加快速度。此外，可以通过利益相关者代表组成的人工智能委员会讨论人工智能算法的假设、数据和伦理维度，并征求员工的反馈和建议。如果我们将员工视为企业最有价值的资产和内部客户，那么员工有权了解人工智能会在何时以及如何影响他们的工作和职业生涯。这是当前主流的思潮。当然，与所有组织变革一样，这个过程也是充满荆棘的。我们预计，随着社会面临越来越多的人工智能的法律和伦理挑战，对于因果算法重视和推动的趋势将迅速从学术界转移到公共和管理领域，从而带来更可解释、可推广并且更具公平性的算法预测。

6.3.5　理解人力资源领域的数智技术、分析与决策

算法与应用　目前应用到人力资源领域的数智技术有很多种，在第 2 章我们已经列出了一些常见的技术类型与应用场景。一般来说，算法可以分成三类：描述性、预测性和指导性。

描述性算法通过数据处理技术（例如数据提取、排序和清理）整合来自不同来源的数据，也可以用来操作相对简单的统计功能，显示平均分数、分布或变量之间的关联。这有助于管理人员监督相关指标，如员工绩效、缺勤

或性格特征等。因此，描述性算法可用于简历筛选、社交媒体信息分析、计算多源绩效分数，以及处理问卷等。

预测性算法通过回归技术、机器学习算法或数据挖掘等方法，预测某些代表事件或结果发生的可能性。经常使用的场景是预测求职者的未来潜力，劳动力规划（例如预测人员流动）或绩效管理（例如预测员工的未来绩效）等。预测性算法可以辅助决策者选择解决方案。

指导性算法指根据规则进行决策的算法，这些规则往往反映了社会规范、伦理或法律标准。因为决策的方向与过程需要与伦理指导原则和社会价值观保持一致，因此，开发和实施规范算法时，必须考虑公平性、问责性和透明度，以确保它们在被接受的道德和伦理边界内运作。规范性算法目前在优步、Deliveroo 或 Amazon Mechanical Turk 等在线劳动力平台上使用较多，并覆盖劳动力规划（例如，自动排班）、甄选（例如，根据选定的工人特征进行员工甄选）、薪酬（例如，确定可变薪酬水平和交易定价）和绩效评估（例如，解雇/停用表现不佳的工人）等。目前规范性算法还有一些局限性，很多算法还是"黑盒"模型，难以理解其决策过程，并忽视了员工的个体差异和需求。这可能会导致员工对于组织的不信任，在涉及解雇和晋升等重要决策时，还可能导致各种争议甚至法律风险。

6.3.6　利用随机化与实验

组织是一个复杂的系统，在现实中，总有一些人力资源决策是随机的，或者至少具有随机性。我们要承认和接受这个复杂系统中，一些决策结果在本质上具有一定的随机性和不准确性，并坦诚地接受这些不准确，尝试与员工沟通，以得到他们的理解。有意思的是，研究表明，如果员工了解结果的随机性，他们在某些情况下会将"随机的决定"视为"公平"。例如，掷硬币作为解决争议的手段有着悠久的历史，从分配猎物、足球赛的首发权到选举结果，掷硬币的方式一直存在于人类社会中。在存在"输家"并且"输家"会一直留在组织或社群中的情况下，明确地引入随机性并在决策中承认这一点是非常有吸引力的。直接告诉员工一些难以通过正常评选方式得出的选择实际上是通过掷硬币决定的，这比告诉员工一些微不足道、强词夺理的因素更易于被接受。

掷硬币的方式启发我们，在决策过程中加入一些随机元素也会更容易被员工接受。例如，当候选人的得分并不完全相同但非常接近时，我们可以引入一种加权随机方法，让得分较高的候选人有更大的获胜机会。我们在考试中经常使用的"及格线"就是一个很好的例子，我们认为所有高于某个标准的人都"及格"，低于这个标准的人则"不及格"，在这种情况下，我们可能会从那些达到标准的人中随机挑选胜出者。当然，雇主还可以就人工智能算法中使用的标准，以及如何在最终决策中使用算法的结果，征求员工意见。所谓高手在民间，特别是当算法遇到瓶颈和抵触情绪时更是如此。

从目前的研究看，最难用数据科学技术解决的人力资源任务可能是招聘和选拔，因为它涉及许多公平和法律问题。如果企业觉得在招聘和选拔领域开始切入数智化转型过于复杂，也可以选择从人力资源管理的其他方面进行尝试和适应。例如，可以首先通过自然语言处理分析员工调查，特别是开放式问题部分的反馈数据，这对于数据科学来说是一个基础且可直接生效的工作，但真正这么做的企业还不多。另外，还有一些不太涉及法律和公平性影响的人力资源领域，例如，向员工提供关于适合他们需求的培训项目，推荐组织内部适合其技能和发展意向的岗位，推荐福利计划，给出退休规划建议，等等，这些都是开始尝试数据科学和算法的不错选择。

为了便于读者开启数智化转型之旅，我们在表6-3中总结了人力资源管理数智化转型过程中的常见挑战以及应对策略。

表6-3　数智化转型中人力资源管理的挑战及应对

挑战	如何应对?			
	数据生成	智能分析	制定决策	人力资源运营
人力资源管理输出的复杂性	征求员工对于指标和输出结果的意见和建议,并围绕这些指标达成共识	为人力资源的输出构建和训练算法	管理者拥有根据算法预测的自主裁量权(人做决策);可以通过实验或加入随机性减少偏见和误判	定期审查数据,评估算法;监控与评估与组织的中长期影响;特别关注员工的反应
数据量少;种类不齐全	将人力资源数据与财务和运营数据整合;使用更细粒度的实时数据;使用供应商收集的更大数据	使用因果模型,使用专业供应商训练的模型	让管理人员根据预先制定的指导方针和规范,参考算法的建议采取行动	加强在人力资源运营过程中的数据采集和分类工作
公平、道德和法律遵从方面的挑战	评估用于训练算法的人类决策是否存在公平、道德和法律遵从方面具有一致性	围绕公平标准达成共识,多个公平标准,使用因果模型,请数据科学家解释影响力的预测模型(关注具有特别影响力的预测特征)	增加随机性,必要时关闭算法并比较结果	为引入数智技术的规划设定道德准则,建立由所有利益相关者代表组成的评估委员会
员工对于数智监控的反应	收集数据以改进流程	围绕用于训练算法的特征建立员工共识	保留管理者对基于人工智能的决策的责任,创建申诉流程	定期征求员工反馈,监控员工敬业度

资料来源:TAMBE P, CAPPELLI P, YAKUBOVICH V. Artificial intelligence in human resources management: challenges and a path forward [J]. California Management Review, 2019, 61(4):15-42.

6.4　如何启动智能自动化？

大多数组织未能从数智化投入中获得应有的价值，其中一个很常见的原因是，**组织没有花费足够的时间来分析和拆解每个具体的任务，或者分解不够到位**。有的学者提出了"微型生产力"[①] 这一概念，其核心在于将复杂任务分解为小型子任务，并由最适合执行这些任务的人在所谓的"微时刻"中完成。这一过程可以通过自动化技术得到显著增强。随后，一些科学家使用算法和实验的方法将不同任务分解成可以众包或者自动化处理的子任务，展示了人工智能在自动识别微任务、管理任务和提升效率方面的潜力。

由此可见，使用数智技术服务组织的第一步是将工作分解，以便识别可以自动化的具体任务。如何判断呢？首先，看任务本身的性质，如果任务是重复性、高度结构化、变化小的，如数据输入、单纯计算、标准化的问答等，通过计算机通常可以更快地完成且不会出错；非结构化的、高变化性的任务，如高端咨询或与客户谈判等任

---

① TEEVAN J. The future of microwork [J]. XRDS: Crossroads, The ACM Magazine for Students. 2016,23(2):26 – 29.

务，不容易被自动化。其次，看任务之间需要多少协作。不需要协作的独立工作更适合自动化，而涉及沟通技能和同理心的互动性工作最好由人类完成。最后，一些看似是体力劳动，但是涉及人类的灵巧、经验判断的任务，也就是需要"手感"和"体感"的工作，都还需要人类来完成。

对工作进行分解和分类的方法很多，韦莱韬悦公司的董事总经理拉万·耶苏塔桑（Ravin Jesuthasan）与南加州大学的教授约翰·博德罗（John Boudreau）认为，可以基于三个基本的工作特征来开始这项工作[①]：

（1）重复性工作与可变性工作。重复性工作通常是可预测的、常规的，并由预定义的标准决定；而可变性工作是不可预测的、变化的，并需要适应性标准和决策规则。例如，信贷分析师的大多数工作任务都是重复性的，他们为每个贷款申请收集并综合相似的数据，他们在从银行记录、信用评级机构数据、政府记录和社交媒体中提取的每一份客户数据中寻找相同的标的。一般来说，此类重复性工作更适合被自动化，因其有成熟的解决方案，可使用机器人流程自动化（robotic process automation，RPA）。

---

① JESUTHASAN R, BOUDREAU J. Reinventing jobs: a 4-step approach for applying automation to work [M]. Boston: Harvard Business Press, 2018:31 - 131.

RPA可以在几乎没有错误的情况下，以比人工快十几倍的速度进行此类分析。而可变性工作则恰恰相反，例如，管理咨询顾问的工作高度可变，每个客户的情况都不同，每个问题都是独一无二的。管理咨询顾问也会使用很多分析工具包、变革管理框架和流程设计技术，但是这些都必须根据企业的业务需求、组织结构和人员情况等变量进行高度定制，最终才能诊断出关键的组织问题，并针对不同组织和人员问题产生定制化的解决方案。这种高度可变的工作目前还不太适合自动化，但是，随着人工智能在认知方面的进步，人工智能可以帮助人类检索信息、整理和分析数据，并将不同场景中相似的问题和框架总结出来，生成一些解决方案的"模组"，提升人类诊断和解决相似问题的效率。

（2）独立工作与互动性工作。独立工作通常需要很少或根本不需要与他人合作或交流，而互动性工作涉及更多与他人的合作和交流，且工作者的沟通技能和同理心对工作产出有很大的影响。例如，使用规定的模板和决策规则为监管机构准备法定报告的会计师主要是在进行独立工作。他们可以收集不同来源的数据，整合后进行综述性分析，然后根据已有的结构框架生成报告。在这个过程中，他们无须与其他人互动。因此，此类工作中有相当一部分是适合自动化的。比这个工作互动性稍强的，是呼叫中心的工作。呼叫中心的员工需要根据每位来电者的需求、情绪和沟通风格调整他们的沟通状态。初级的互动性工作，例如澄清信息等，可以使用自动化来完成。但是深度互动性工作涉及情感应对和复杂交流，通常不太适合自动化，否则会影响客户满意度和留存率。当然，技术的不断进步可以让人工智能检测来电者的语言和情绪，深入分析其请求，并为呼叫中心的员工提供相关信息甚至推荐一些可行的解决方案，从而使人类接话员，特别是经验不足的员工们掌握更多的信息，减轻他们搜索信息的工作量。从目前的技术发展看，很多客户服务的工作还不能完全自动化，因为人类员工在聚焦客户需求、与客户进行深度的沟通和关怀、营建客户关系方面更有优势。

（3）体力工作与脑力工作。很多人可能对于体力工作和脑力工作有刻板印象，认为体力工作更适合被自动化。其实并非如此，很多体力工作不适合被自动化。例如，护理工作虽然看似以体力工作为主，但涉及高度的情感互动、同情心和应对能力。自动化无法替代人类护理者与被照护者之间的情感联系和信任，也难以应对护理过程中不确定的突发情况。此外，很多建筑与维修工作如建筑施工、房屋维修和电气维修也不适合被自动化，因为在复杂的建筑环境中，许多任务需要经验判断，不同的建筑材料、施工条件和复杂变化使得完全自动化的机械无法高效完成这些复杂工作。同样，高端餐厅的厨师和侍者，依靠高度的手工技能、创意和与顾客的互动能力来为客户提供个性化的体验，不能被完全自动化。相比之下，制造线装配工的工作已经被大幅自动化，例如，收集不同的零件，将它们焊接在一起，检查产品质量，并将成品移动到工厂的另一区域等。这种工作很适合使用结合了人工智能、传感器和移动设备的协作型机器人。它们不仅可以收集、移动和焊接零部件，其精度还会超过人类。

有些脑力工作反而更容易被自动化。例如会计师、精算师、初级数据分析者和程序员的脑力工作通常可以被人工智能的认知自动化所替代或增强。脑力劳动中不太容易被自动化的工作包括那些需要具备人类的情感体验和个性化表达的工作，如心理咨询、教育、文艺创作、高层管理、政策决策等，这些工作不仅涉及复杂信息的处理，还需要考虑道德、社会影响和长期效应，超出了机器的逻辑推理能力。

以这些类别为起点进行思考，公司可以更好地分析：哪些工作更适合自动化？如何分解以及如何重新设计工作和组织？哪些工作可以被分解为不同的任务，分别由人类员工、机器或者算法来完成？自动化在生产力、速度、成本、风险等方面的预期回报是什么？理性地思考与应对这些问题能够使我们避免跌入"所有工作都应该被人工智能重新做一遍"的陷阱，以及"人类会被人工智能所替代"的恐慌。因为大多数工作通常会由很多任务组成，而人工智能大概率只能替代部分工作中的部分任务，因此，对待自动化的态度应该是适应、跟进但不恐慌。

6.5　积跬步，至千里：组织和文化变革

6.5.1　凝聚变革合力

随着数智技术的快速发展，许多公司正寻求将这些技术融入组织和工作设计中。然而，理想与现实之间存在着巨大差距。尽管许多公司对采用人工智能兴趣浓厚，但麦肯锡等咨询公司发现，广泛应用人工智能的公司比例很低。这一现象并非纯粹因为技术问题，而是涉及更广泛的组织设计体系，包括职位设计、人员角色和激励机制等多个方面。

数智化转型是一项循序渐进的组织变革。面对变革，所有组织都会遇到一些相似的障碍，如员工对变革的恐惧和对技能落伍的担忧。每个公司特定的文化和氛围还会带

来独特的挑战。比如，在重视客户关系的公司中，员工可能会过度担心使用人工智能会损害与客户的关系，而没有意识到人工智能的客户价值，比如为客户推荐更个性化的产品来增强客户体验。在一些重视员工管理幅度的大型组织中，经理们可能担心算法会导致决策权下放或减少报告层级，进而导致人类经理人失业。其他常见的挑战还包括孤立和隔断的工作流程、跨部门的预算分配难题等，这些都会成为组织变革的阻力。

首先，形成变革合力的关键在于组织资源的配置、流程梳理和促进跨领域的合作。《哈佛商业评论》的一项研究表明，在那些成功实施人工智能的企业中，近90％的公司将超过一半的预算用于推进数智化的具体行动，包括刷新工作流程、跨部门沟通和员工培训①，凸显了自上而下配置资源的重要性。

其次，关注桥梁型人才。组织变革需要跨职能团队推动。跨职能的合作更容易洞察出流程的变化，并能够让不同的用户参与产品和服务的设计，从而提高新技术应用的成功率。桥梁型员工能够直接与各类用户互动，深入了解他们的工作习惯和流程，从而触发问题诊断并生成更多的

---

① TIM F, BRIAN M, TAMIM S. Building the AI-powered organization [J]. Harvard Business Review, 2019, 97(4): 62 - 73.

解决方案，让技术端和客户端的双轮转动得更加流畅。企业需要持续盘点桥梁型人才的数量、质量和分布，同时，根据组织的需要更新相应的能力模型、岗职体系、培养方案和薪酬激励政策。

最后，从已有的实践看，人工智能的成功实施至少需要两类团队。

（1）跨职能的领导团队。人工智能在业务层面的集成需要业务、IT和分析的领导者共同监督和推进，通常的做法是形成一个联合工作小组来确保这三方之间的分工、协同和担责。一般来说，这个跨职能的联合工作小组可以由首席运营官或者首席数据主管牵头和负责。这种机制使得项目在早期能获得足够的推动力。

（2）任务驱动的执行团队。在项目初期就要在业务部门内部建立跨学科执行团队，聚焦数智化转型的具体任务。这个执行团队需要从职能部门和业务部门抽调所需的专业人才，包括产品负责人、数据架构师、工程师、设计师、可视化专家和业务分析师，负责建立、部署和监控新实施的人工智能功能。这种设置可以加速聚焦、诊断和解决特定的问题。

任何组织变革的成功都必须获得员工的参与和支持，数智化转型也不例外。高层领导者在自上而下的沟通中应展现清晰的发展愿景，不但要宣讲智能工具如何帮助公司提升竞争力，而且要把采纳新技术对于每个员工个体的影响和意义诠释出来，例如，提升工作效率，避免重复和枯燥的工作环节，以及提升组织绩效给员工带来的物质和非物质福祉等。领导层还需要明确实施新技术的原因和范围，特别是采纳新技术对于员工正面和负面的影响，展现出公司在变革期的考虑是周到的，也是实事求是的。坦诚是缓解焦虑和缓和员工抵触情绪的良方。沟通的重点是让员工明白，数智技术的引入旨在增强而非取代他们的角色，并且多数员工将与人工智能共同工作。同时，一线管理者和人力资源工作者需要帮助员工提升能力，适应人机互动的工作环境。

对于非数字原生的传统企业来说，组织决策和授权的方式也需要变革。随着人工智能的广泛采用，员工习惯于算法辅助的决策，这反过来也会提升员工的信息量、经验和判断力。当员工被技术赋能到一定程度后，变革的关键就在于弱化传统的自上而下的决策模式，授权员工进行决策；同时，增强算法的可解释性，建立员工对算法的信任。尽管算法提供数据和分析支持，但人类规划师，包括业务领导和数字化专家，在决策过程中仍然扮演着关键角色，他们参与了系统设定和参数确定，因此，对系统的输出有更高的解释能力[①②]。当越来越多的员工采用人机互动替代以往繁复的手动计算或"拍脑袋"的决策方法时，组织整体决策效率会更高，也能有望进入人机耦合学习和相互促进的正向循环。

6.5.2　规划变革节奏

与以往的组织变革类似，在组织中采纳人工智能是一项循序渐进的组织变革，需要根据企业的不同情况调整具体落地的节奏和规划。

首先，在引入人工智能的过程中，许多领导者错误地认为人工智能是"即插即用"的，期待能快速得到回报。不少企业在人工智能项目上投入了很多资源和注意力，但往往收效甚微。问题不在于技术或人才，而是领导层在初期对于大方向和大趋势的判断是否正确，特别是企业的商业模式和技术路径的选择不能错。

其次，企业需要放弃对"完美"的追求，转向快速迭代和测试的方法。人工智能应用在初期阶段无须完善所有功能，要将实验和错误看成学习的机会，鼓励收集初期反

---

① DENIS M R, SIM B S, RONALD S B, et al. Not so different after all: a cross-discipline view of trust [J]. Academy of Management Review, 1998,23(3): 393 - 404,

② DE VISSER E J, PEETERS M M M, JUNG M F, et al. Towards a theory of longitudinal trust calibration in human-robot teams [J]. International Journal of Social Robotics, 2020,12(2):459 - 478.

馈，并在后续版本中迅速调整，使得最小可行的人工智能应用可以在较短时间内融入组织。过于复杂或需要长时间实施的方案可能会威胁到当前项目的进展和未来人工智能项目的投入。

最后，从项目规划看，企业应考虑布局多个时间跨度的项目，长短期结合落地。例如，同是自动化项目，人工智能驱动的欺诈检测可能在几个月内就能看到效果；而那些需要人类深度参与构建的项目，如涉及服务体验和复杂沟通的项目，则可能需要更长时间才能显现成效。因此，企业在规划数智落地策略时，应从长期视角出发，考虑如何整合不同时间线的项目和相应的资源配置，以最大化投资回报。

6.5.3　设计组织模式

在数智化转型过程中，什么样的组织模式最有效？这是领导者必须面对的一个问题。常见的模式有：①将数智分析能力集中在一个中心枢纽；②将人工智能和分析能力分散到各个业务部门，形成"辐射型"模式；③采用两者的混合模型。这三种选择中没有最佳模式，企业应根据自己的特定情况进行部署。从现有证据看，**组织规模**是个非常重要的影响要素，大型组织比小规模的组织更可能采用中心枢纽的模式。同时，对于刚刚涉足数智化转型的公司来说，中心枢纽式组织模式更为常见，因为这有助于快速建立公司的核心人工智能资产和能力。随着企业管理经验的积累和业务的发展，组织模式会逐渐转向分散或混合模式。

中心枢纽的职能是管控和规划，负责建立与人工智能相关的系统、流程和标准，包括数据治理、制定人才标准和相应的人才策略。这个中心团队还应与数据和人工智能的外部供应商合作，为整个公司培训人工智能人才。与传统组织设计的逻辑相似，如果企业需要更多地贴近使用人工智能系统的团队和客户，那么可能一些责任需要由辐射模型来承担，包括最终用户培训、定价、产品效果跟踪等。

最接近市场和客户端的是项目执行团队，主要包括管理（如产品负责人）、专业（业务＋财务专家）和数据专家（数据架构工程师、数据分析与可视化专家、数据科学家等）。从中心枢纽模式到市场和客户端之间，一般会有一个中间的过渡区域，这个区域的主要职责包括：项目的具体策划、执行，以及必要的变更；管理 IT 基础设施、数据架构、数据策略、代码开发；评估与反馈战略执行、组织能力发展、资金使用等。这个中间团队的职责可以自成一个管理平台，也可以根据需要由中心枢纽或项目执行团队来兼管。

这个组织集权和分权的过程涉及"权变"，组织的领导者可以根据自身的业务复杂性、技术的成熟度以及面临的竞争压力等要素来部署数智化资源。在这方面，普遍的管理难点是疏通和汇集转型所需的各种信息和技能，包括客户端的输入，聚合跨职能、跨专业的需求，以及桥梁型人才和人机交互的部署①。当这些"跨界"的交互越来越频繁和常态化时，有创意和敢于"吃螃蟹"的员工会涌现出来，突破传统的岗位和职能，思考更大、更重要的问题——例如，从解决点状的问题转向重新构想业务和运营模式，然后经过各个项目团队的推动、试点、循环迭代，企业数智化和创新的速度也会加快。在数智技术的帮助下，那些最接近客户和市场的一线工作者越来越能够做出本来应该由他们的上级做出的决策，从而使组织层次结构更加扁平化，并促进新的人机合作和协同循环②。当然，这个过程不是一蹴而就的，需要完成多轮从任务层面到团队层面，再到组织层面的跨级循环。随着时间的推移，整个组织的员工和数智系统都会通过耦合学习成长，达成可持续的组织发展。

---

① KOCH J, OULASVIRTA A. Group cognition and collaborative AI [M]//ZHOU J, CHEN F. Human and machine learning. Cham: Springer, 2018: 293-308.

② MCCAFFREY M. Who's the boss? the persistence of entrepreneurial hierarchy in flat organizations [J]. Journal of Organization Design, 2023, 12(1): 37-40.

6.5.4 坚守"以人为本"

在技术应用不断进步的同时，我们需要更多地关注如何将数智技术整合到现有的组织结构和工作流程中，特别是如何将人工智能的实施看作一个**社会化**的过程，并从组织的权力、社会体系和社会规范等角度来评估数智化转型[①]。在这个过程中，我们不仅要考虑人与机器之间的协作，更要考虑**机器的引入如何影响人与人的协作。我们最终的目的不是在组织中引入人工智能并提升局部的效率，而是保持以人为本的组织整体持续健康地发展**。

需要再次强调的是，我们倡导**以人类工作者为中心**来看待组织的"社会技术体系"。从这个视角提出问题，意味着我们更关注人，而非机器的效能。目前的研究共识是，与人工智能相比，人类更擅长处理不确定和模棱两可的问题[②]，这使得人类在沟通、谈判和情况模糊情境下的决策更具优势。人工智能可以帮助人类扩展处理大量的复

① MAKARIUS E E, MUKHERJEE D, FOX J D, et al. Rising with the machines: a sociotechnical framework for bringing artificial intelligence into the organization [J]. Journal of Business Research, 2020, 120:262-273.

② DELLERMANN D, CALMA A, LIPUSCH N, et al. The future of human-AI collaboration: a taxonomy of design knowledge for hybrid intelligence systems [EB/OL]. (2021-05-07) [2024-01-08]. https://arxiv.org/abs/2105.03354.

杂信息，因此，面向未来，人类与人工智能组成的混合智能系统是值得期待的。在塑造这个混合智能系统的过程中，企业需要反复回答的问题是：**在引入人工智能体系后，如何更好地发挥人类组织的既有优势？人类和机器协同工作如何比各自单独组成系统取得更好的结果？**

为了坚持"以人为本"的发展，我们认为，在算法和人工智能应用的每个领域，都应该在人类组织互动、实践和管理的背景下，思考和挖掘人、机各自的优势，特别要关注如何发展人类的优势。基于最近的研究进展，我们建议企业在引入算法和人工智能时采用以下重点举措：

- 在工作设计时，考虑结合人工智能和非人工智能的混合协同①，梳理人类和人工智能可以相互增强的具体维度②。

- 在人机互动中加强对人类工作的认可（而非贬低和质疑）③。

---

① WILKENS U. Artificial intelligence in the workplace-a double-edged sword [J]. The International Journal of Information and Learning Technology, 2020,37(5):253 – 265.

② KENNETH H, VINCENT A, NIKOL R. A conceptual framework for human-AI hybrid adaptivity in education [EB/OL]. (2020 – 07 – 06)[2024 – 02 – 24]. https://dl. acm. org/doi/abs/10. 1007/978-3-030-52237-7 _ 20.

③ AMERSHI S, CAKMAK M, KNOX W B, et al. Power to the people: the role of humans in interactive machine learning [J]. AI Magazine, 2014,35(4): 105 – 120.

● 允许人类对人工智能系统的错误预测做出反馈[①]。

● 提示人类员工，避免他们过度信任人工智能和自动化系统的倾向[②]。

● 将组织的知识管理与人机交互学习相结合[③]。

基于历次技术革命中组织变革的成功经验，我们认为数智化转型的关键依然是**领导者和员工们的"转身"**。这场组织变革的目的不是技术的集成和利用，而是萃取技术的优势，以提升员工的工作质量和学习成长，最终使得人类与技术相向而行，共同进步。为了塑造"以人为本"的智能组织，企业领导者需要增加而非减少对员工发展和福祉的关注。发展技术的目的，不是为了实现技术的最大化利用，而是要促成一个更加人性化、包容和创新的职场。

6.5.5　从给员工减负开始

在数智化促进企业加速转型的时代，工作周转的速度和信息的数量都呈指数级增长，领导者和员工都渴望人工

---

① NGUYEN A T, KHAROSEKAR A, KRISHNAN S, et al. Believe it or not: designing a human-AI partnership for mixed-initiative fact-checking [EB/OL]. (2018 - 10 - 11) [2023 - 12 - 22]. https://dl. acm. org/doi/10. 1145/3242587. 3242666.

② OKAMURA K, YAMADA S. Adaptive trust calibration for human-AI collaboration [J]. Plos One, 2020,15(2):e0229132.

③ LI J, HERD A M. Shifting practices in digital workplace learning: an integrated approach to learning, knowledge management, and knowledge sharing [J]. Human Resource Development International, 2017,20(3):185 - 193.

智能能够减轻工作负担。研究显示，数据过载已经成为员工的负担，近 2/3 的受访员工认为他们没有足够的时间或精力来完成工作，其原因是大量涌入的数据、电子邮件和聊天已经超过了人们处理的能力。员工们花费近 60% 的时间处理这些信息，只剩下 40% 的时间用于深度思考和创造性工作①。

目前业界领先企业已经能够使用人工智能在至少两类场景上解放员工：一类是信息密集型工作；一类是大量重复型工作。科研、法律咨询、金融服务等都是信息密集型工作，在这些领域的员工和专家都是知识型员工。通过积累领域知识和经验等数据，人工智能能够大幅提升这些领域的工作效率，并开启更多创新机会。以研发代码开发的工作为例，很多软件开发企业在模拟程序员的经验积累过程，让人工智能学习分析几百亿行代码，训练它自动生成代码的能力。目前，研发人员已经可以利用人工智能，通过指令生成代码，完成工作任务。最近我们走访的一些大型企业表示，在人工智能的帮助下，软件开发效率可以提升 20% 以上；在某些生成式人工智能特别擅长的场景，例

① SPATARO J. 3 steps to prepare your culture For AI [EB/OL]. (2023 - 06 - 28) [2024 - 04 - 07]. https://hbr. org/2023/06/3-steps-to-prepare-your-culture-for-ai.

如生成图像和视频等，开发效率甚至可以提升 40％，充分诠释了人工智能技术在知识密集型工作中的巨大潜力。

还有一类优先使用人工智能技术的场景是大量的重复性工作，比如工业质检、故障检测等。在过去，工作人员需要日复一日地用肉眼观察大量的图片和视频，例如，检查设备外观是否有裂纹、螺丝是否松动等细节问题。这种工作不仅耗时耗力，而且容易出错。有了人工智能的帮助，这些任务可以更轻松准确地完成。以铁路局车间作业的检测应用为例，使用大模型后，与传统的人工操作相比，铁路故障发现率提高到了 99.3％，动态检车员的工作效率提升了 2 倍，极大地减轻了检车员的工作负担。未来，随着人工智能技术的不断进步，人工智能工具将在更多类似的场景中得以应用。

和人类首次看到火和电灯一样，恐惧是对变革的一种自然反应，因此，员工恐惧人工智能对他们工作的影响是可以理解的。虽然很多员工乐意将一部分重复性工作、肮脏或者危险的工作交给机器去完成，但是担心人工智能替代他们工作机会的忧虑总会存在。只有当员工感到自己被充分培训并且职位稳定时，他们才会更乐意接受人工智能技术，从而利用人工智能来提高工作效率和客户满意度。想要获取员工对技术的支持，需要向他们表达企业使用技术的"初心"。为了确保这一转变的顺利进行，首先，企业需要与员工沟通公司引入人工智能的目的与期望，特别是对员工的切身影响，例如，提高生产力，简化重复性任务，以及增进员工幸福感，而非简单地"降本增效"。其次是投入员工培训，帮助他们掌握使用人工智能的技能。人力资源和一线管理者要鼓励员工在日常工作中尝试数智工具，可以从小的应用开始，例如，人工智能搜索、智能写作辅助、文生图或智能日历管理等，鼓励员工体验新技术，运用新技术摆脱重复性劳动，转而投入更有创意的工作中。在员工们熟悉了人工智能工具后，他们将自发地在各个场景运用新技术来优化工作流程并提高效率。这个过程需要时间，也需要企业文化对于错误的包容。

6.6 步步为营，主动管理数智嵌入过程

6.6.1 保持持续动力

数智化转型是一场持久战。从已有的经验来看，技术的演进和应用本身充满了不确定性，从新技术的出现到商业化落地，往往需要多年时间。企业访谈表明，很多人工智能转型项目至少需要18～36个月，甚至长达5年才能完成。构建企业级数智能力要求管理者具备理性和耐心。

随着项目参与者不断学习成长以及算法的持续优化，转型的效益将逐步显现。

与以往那些孤立的、功能单一的 IT 项目不同，数智化转型的目标不仅仅是系统成功实施和使用。人工智能项目需要系统性思维和长远规划。首先，由于人工智能技术仍在快速发展，管理者应鼓励项目团队进行创新性试验，并为他们提供充裕的时间以交付成果。为了防止这些项目失去动力，领导者必须以身作则，通过参与培训展示对变革的承诺，并鼓励团队从早期试点中学习经验。其次，要确保业务部门承担起项目的责任，项目的成功应由业务部门主导。最后，通过展示变革的阶段性效果，例如，提升效率、准确率，减少工作量，鼓励员工采用人工智能工具。

6.6.2　激发组织学习，萃取提问的价值

在技术快速发展的时代，组织需要不断成长，并结合创新、质量和定制化来增加竞争力。正如克莱顿·克里斯坦森（Clayton Christensen）所说，新的价值无法通过做更多相同的事情来实现[①]。组织必须激发新的思维方式。人工智能的发展推动了人类与计算机之间新的互动模式，之前的人机互动更多的是人类提出问题或给出方向，机器

---

① CHRISTENSEN C M, OVERDORF M. Meeting the challenge of disruptive change [J]. Harvard Business Review, 2000,78(2):66−77.

提供答案。当前，数智技术正在成为人类工作的"副驾驶员"，人机互动从"问答"转为"化学反应"，人的经验和智慧将与人工智能的能力水乳交融。这个变化进一步要求人类善于提问，知道何时提问、如何提问，以及如何核实机器答案的可靠性。我们从人工智能中获得的价值取决于我们提问的质量，这个趋势将影响到几乎所有的工作。

因此，组织的学习能力，特别是提出新问题，促进人机协同的组织学习，将学习成果转化并嵌入具体的组织目标和系统流程的能力，将是企业必备的竞争力。员工能力的价值将从能够找到正确的答案转移到能够提出有价值的问题。如何提升员工在这些方面的能力呢？首先，好问题都是从实践和交流中来的，要将规范和培训融入公司的业务节奏中，确保员工了解最新的技术进展和资源。例如，可以安排周三下午集中学习，然后举行一个周中的派对；也可以每月设计人工智能相关的"答疑时间"、午餐会或者专家热线等，目的都是随时随地鼓励大家学习。其次，组织要建立规范和培训，帮助员工用安全和负责任的方式进行数智转型方面的尝试。企业需要明确：哪些工具是鼓励员工使用的，哪些数据不可以使用？在核查答案、审查和编辑方面，他们需要遵守哪些指导方针？等等。自下而上的学习交流和建立规范是一个日日操练的过程，而不是一蹴而就的"运动"。当然，自上而下的管理变革也是必要的，根据业务需要，企业要有目的、有计划地采取行动，在不同职位和部门选择试点项目，推动整个组织逐渐转变工作方式。

6.6.3　更新技能，与人工智能共舞

从第 3 章的内容看，人类和人工智能可以从人机互动，到组织团队，再到将人机互动的循环融入组织的大循环，达成相互增强的共生组织①，重点是人工智能增强人类组织和个体的能力而非取代人类进行管理。很多企业已经开始采取具体行动，鼓励员工使用人工智能，在工作中对员工进行培训，重点是人机协作，提升效率和质量。例如，位于爱尔兰都柏林的埃森哲医疗创新研发了一个人工智能界面，旨在整合设计师、数据科学家、软件专家和医疗编码员的技术专长。通过这个界面，经过培训的护士可以转变成为医疗编码员，他们主要的任务是分析患者的医疗记录，并将诊断、治疗和药物信息转化为数字化代码。由于这些医疗编码员本身也是经验丰富的护士，他们能够直接应用他们的专业知识和经验来训练人工智能系统，监督其输出，使人工智能系统能够更精确地识别医疗状况和

---

① WILSON H J, DAUGHERTY P R. Creating the symbiotic AI workforce of the future [J]. MIT Sloan Management Review, 2019, 61(1): 1 - 4.

治疗之间的关联。这不仅能够优化患者计费、报销、资料审核，对于医学研究也有重要的意义①。

有意思的是，在这个实验中，医疗编码员将培训人工智能比作教育孩子，而不是认为人工智能总是会比人类强。那些平日在工作中更有掌控力、能力更强的护士更愿意接受新的技术，他们感到医疗编码系统能够帮助他们更好地施展医疗知识。大部分医疗编码员在成为系统培训师后，对与人工智能共事的态度变得更积极，对未来的工作前景持乐观态度。他们既有动力学习新技能，也有愿望提升医疗水平。而且，随着对人工智能的理解加深，这些护士出身的编码员能做出更加精准的编码决策，甚至超越那些非医学背景的数据科学家的决策质量。这样的"共生系统"使得人和机器都能发挥其独特优势。人工智能擅长处理高容量、重复性和简单的任务，提升了数据筛查的准确性和效率，而医疗编码员利用宝贵的技能和注意力处理复杂的个案，有望显著改善患者的护理和治疗效果。

从这个例子可以看出，优先考虑到人的需求和价值，然后通过易用的工具和培训激活人的技能和动力，是数智化转型中的一个核心价值点。忽视员工的参与，会失去他

---

① WILSON H J, DAUGHERTY P R. Collaborative intelligence: humans and AI are joining forces [J]. Harvard Business Review, 2018,96(4):114-123.

们的专业输入，从而浪费了最宝贵的资源。易用性可以使得像护士这样的人类专家培训和改进系统；同时，要让垂直领域的专家和数据专家尽早合作，在组织的流程中识别更有价值的提效空间，确保客户和员工的需求和动机被听到并纳入设计决策中。无论如何，衡量系统的实用性和可用性，都应该是以人为中心的。

6.6.4　直面现实，积跬步，至千里

在当前的商业环境中，IT 项目，特别是那些涉及数字化和人工智能转型的项目，被广泛认为是推动企业增长、提高效率和竞争力的关键因素。然而，很多数字化转型的项目并没有达到预期效果。《哈佛商业评论》等相关研究显示，数字化转型项目未能实现其最初目标的比率从 70%到 95%不等，平均为 87.5%。更加具体地说，尽管全球有 89%的大公司正在进行数字化和人工智能转型，但它们实际上只实现了 31%的预期收入增长和 25%的预期成本节约[①]。波士顿咨询（BCG）也有一个结论类似的研究——只有 30%的数字化转型努力达到或超过了其目标值，并导致了可持续的变革；另有 44%创造了一些价值，但没有达到

---

① KATE S, LAURA L, RODNEY Z, Three new mandates for capturing a digital transformation's full value [EB/OL]. (2022 - 06 - 15)[2023 - 12 - 21]. https://www.mckinsey.com/capabilities/mckinsey-digital/our-insights/three-new-mandates-for-capturing-a-digital-transformations-full-value.

目标，只带来了有限的长期变化；最后的 26% 创造了有限的价值（不到目标的 50%），而且没有产生可持续的变化①。

　　企业管理者要正视变革的长期性和曲折性，否则不仅会妨碍企业从失败中学习，还会导致误判战略方向和浪费资源。常见的问题包括：很多企业在启动数智化转型项目时缺乏清晰和具体的目标，管理层的预期也缺乏共识。企业往往高估了自身的技术基础和变革管理能力，而低估了数智化转型过程中可能遇到的挑战。此外，对于那些在技术和管理两方面都准备充分的企业，它们的项目仍可能因为缺乏跨部门的合作和支持而失败。如何应对这些挑战？我们建议企业从以往的组织变革中借鉴，例如，常用的"三板斧"是：①建立一个更为系统和全面的评估框架，明确项目的目标、预期成果，以及成功的衡量标准；②在做战略规划时，确保对于变革管理的投入，特别是从组织、方法论和激励方面做系统而细致的铺垫，鼓励跨部门的合作，确保中基层员工的参与；③投入数智基础设施建设。当然，最重要的还是从领导层到员工都需要有容忍挫折和坚持不懈的耐心。

　　千里之行，始于足下。牵引变革在很大程度上需要重

①　BOSTON CONSULTING GROUP. Companies can flip the odds of success in digital transformations from 30% to 80% [EB/OL]. (2020 - 10 - 29) [2024 - 01 - 14]. https://www.bcg.com/press/29october2020-companies-can-flip-the-odds-of-success-in-digital-transformations-from-30-to-80.

组人力资源管理职能，在短期内，加强数据管理和数据分析的能力将有助于人力资源职能更紧密地与财务和运营部门进行整合。在数智化转型的过程中，人力资源部如果不积极参与，财务和运营部门可能会接管人力资源的数智化转型，并挤压人力资源职能的工作空间。有些组织在讨论数智化转型的时候，经常会跳过人力资源部。人力资源部的天职是要保证企业在追求效率和关注公平之间不断达到平衡，如果人力资源部在数智化转型的过程中缺位或者过于被动，企业决策的天平可能会过于偏向效率和企业利益，而弱化公平和员工福祉。

在数智化时代，尽管技术和手段日新月异，但企业之间的竞争始终存在。若仅从"效率"的角度出发，市场机制会推动每个组织力求达到边际收益与边际成本基本持平的状态。在这种情况下，每家公司都需要以最高效率运营，于是竞争集中于效率的提升上，从而形成"内卷"——所有企业都在效率上比拼，却难以获得实际的增益，最终陷入利润微薄甚至难以盈利的局面。然而，如果从"战略"的角度出发，企业的目标将不再是仅仅优化效率，而是要"破坏"完全竞争的市场结构，从而寻找超额利润的机会。要实现这一点，企业必须在运营方式、产品或服务等方面实现差异化，以在市场中形成独特的竞争优势。差异化的战略不仅有助于打破同质化竞争，还可以开拓新的价值空间，使企业获得超额回报。

这种思维方式不仅适用于企业的业务战略规划，同样适用于数智时代的人力资源战略。数智技术可以提升传统人力资源管理工作的效率，因此，人力资源管理不能再局限于简单的"提升效率"，而是需要以差异化的方式构建人才和组织优势。例如，企业可以通过独特的文化塑造、创新的人才激励机制或专注于培养未来所需的核心技能，来增强组织竞争力。这种战略性的差异化使得企业在人力资源领域也能找到超额增值区域，摆脱单纯效率竞争的局限，从而更好地支持企业的长期发展。

面对技术的快速发展，我们都将经历一段紧张的学习与成长期。幸运的是，我们对此并不会束手无策。技术创新并非自然力量，它在很大程度上由人类可以控制的社会和经济因素所推动。现代组织首先是由人构成的社会体系，无论未来的工作和职场如何变化，企业的使命和价值观依然是组织生存和发展的灯塔。面向未来，我们不仅要问："职场和工作以后会发生什么变化？"我们更应该问："我们希望未来的职场和工作变成什么样？"如此不断地提问和寻找答案，让我们可以保持探索精神，呵护以人为中心的企业发展和商业文明。

附录 数智化转型过程中组织管理者的素质力模型（不仅限于人力资源管理者）

附表 1 认知能力

子维度	细 分 项
道德决策能力	能够通过经验、感知和判断减少人工智能在决策中的偏见
	能够对员工尊严和员工隐私保持道德敏感
	能够在使用人工智能提升组织绩效时坚持道德原则
	在决定人工智能是否参与组织决策时能够保持道德敏感
解决问题的能力	能够通过与人工智能系统交互信息来解决问题
	能够在人机分工时将常规、重复性任务委派给人工智能，将关键决策权留给人类决策者
	能够在基于人工智能辅助决策时，在资源分配决策中综合、动态地判断信息，而非聚焦于一个狭窄的认知区域
验证能力	能够通过技术和管理之间的跨学科协作，验证适合解决人力资源问题的数智工具
	能够识别和判断数智工具对于人的理解程度
	能够在伦理和法律情境下，评估人工智能工具的适用性

附表 2　管理人力资本的能力

子维度	细　分　项
技术专长	能够利用现有的数据资源汇集和梳理知识和信息
	能够识别并获取新的知识来源
	具备数字技术相关的知识和技能
	能够使用基于人工智能的技术和应用程序
领导能力	能够将人工智能视为支撑管理决策的工具
	具备领导员工进行数字化转型的能力
	具备数字化变革需要的情商、创造力和想象力
	能够在管理层和员工之间有效沟通，以弱化数智技术对人力资源管理的不利影响
	能够引领人机协作，融合人类和机器的合作关系
制度建设能力	能够有效规划和实施数字化转型
	能够关注变革需要的内外部因素：内部因素包括实施成本、企业发展需求、高层管理人员的参与；外部因素包括市场压力、政策支持、人工智能技术的发展等
	能够了解和控制生成数据的过程
	创建管理和收集数据的策略
	能够提升组织的技术成熟度和业务绩效
	能够通过组织准备、技术准备、变革准备，成为变革推动者
	能够促进人力资源管理智能与智能技术共同发展
	能够在高层管理人员的支持下，制定人力资源管理规划和流程，以增加数智技术在人力资源领域的应用
赋能劳动力的能力	能够对员工进行技术进展、数智能力和运用新技术解决问题的培训

续　表

子维度	细　分　项
赋能劳动力的能力	能够推动管理人员接受数智技术和应用的培训
	能够使用机器学习和深度学习技术培训员工
	能够运用数智技术协助评估培训效果并做出员工发展建议
敏捷学习的能力	能够引入与分析数智技术的作用并实现持续学习
	能够学习数智技术和数据科学
	具备算法、分析和数智工具方面的知识和技能
能够通过采购和使用数智技术提升人力资源领域的绩效	能够调整员工的工作设计，达成多种方式的人机协作
	能够在工作设计中使用基于人工智能的算法
	能够在招聘中使用数据挖掘技术和算法评估
	能够使用人工智能辅助改进职位发布、简历筛选并最大限度地减少甄选错误
	能够使用人工智能辅助识别被动求职者，并评估和面试求职者
	能够识别、吸引和保留高绩效的数智化人才
	能够与数智人才和人工智能设计师互动协作
	能够使用人工智能辅助衡量人力资源规划和人员流动率
	利用人工智能系统收集员工薪酬和福利信息，以决定薪酬参数

附表3　管理组织和社会资本的能力

维护社会正义的能力	能够保障员工数据收集的过程透明公正
	能够监控人工智能决策的公平性和公正性
	能够逐步提高人员管理相关算法的可解释性

维护社会正义的能力	能够通过沟通和解释增加员工在数智化转型中对组织的信任
	能够通过沟通缓解员工对于人工智能和自动化的负面情绪
	能够出台政策保障员工在数智化转型中不受歧视
	能够规划参与式治理（如让员工代表参与讨论和决策）来改善工作场所的数据和员工隐私保护
提升员工体验的能力	能够设计人工智能辅助的人力资源管理解决方案，以满足员工的社会、心理和人身安全需求，从而带来更好的员工体验
	能够通过数智技术提供个性化的人力资源解决方案，提高人力资源工作的效率和效益
	能够平衡组织的效率和员工的体验
	能够缓解员工在数智化转型中的焦虑，例如，担心技术发展会取代他们的工作
	能够鼓励员工参与数智化工具的使用和试验
	能够鼓励员工进行终身学习
	能够给员工提供辅导和咨询
管理人机协作的能力	能够促成人类员工和机器人、数字人合作，保持人—机之间协作的动力
	能够将人类组织的社会性与数智化系统的能力融合与互补

管理人机协作的能力	管理人—机协同时，能在探索性（exploration）和利用性（exploitation）① 之间取得平衡

资料来源：部分内容基于 DEEPA R, SEKAR S, MALIK A, et al. Impact of AI-focused technologies on social and technical competencies for HR managers—a systematic review and research agenda ［J］. Technological Forecasting and Social Change, 2024, 202:123301.其余内容根据作者的分析和梳理。

---

①　探索和利用：来源于组织和决策学者马奇（March）的探索——利用悖论。在算法层面，"探索"意味着尝试新的可能性，即偶尔选择不是当前看起来最优的路径，以获得更多信息。而"利用"则指基于目前已知信息去做最优决策的过程，即"赚取"阶段。这两者之间需要权衡，因为过多的"探索"可能导致错过当下的最优；而过多的"利用"则可能陷入局部最优而错过更好的整体选择。